Münsterschwarzacher Kleinschriften

herausgegeben von den Mönchen der Abtei Münsterschwarzach

Band 186

Hilarion Alfejev

Vom Gebet

Traditionen in der Orthodoxen Kirche

Aus dem Russischen übersetzt von
Br. Julian Glienke OSB

Mit einem Vorwort von
S'chima-Archimandrit Gabriel Bunge

VIER TÜRME

Bibliographische Information der Deutschen Nationalbibliothek

Die Deutsche Nationalbibliothek verzeichnet diese Publikation in der Deutschen Nationalbibliographie; detaillierte Informationen sind im Internet über http://dnb.d-nb.de abrufbar.

4. Auflage 2023

Original: Metropolit Hilarion (Alfejev): Vom Gebet; Klin 2001. Aufzeichnungen von Fernsehsendungen aus dem Jahr 1999.

ISBN 978-3-89680-586-7
ISSN 0171-6360

www.vier-tuerme-verlag.de

Inhalt

Vorwort

Dem Leser steht heute eine große Zahl von Büchern über das Gebet zur Verfügung, alte und neue. Bedarf es da eines weiteren Buches zu diesem Thema? Zweifelsohne! Dies gebietet zunächst einmal die Bedeutung, die das Gebet für den Christen seit jeher hat. Im *»wahren Gebet«* wendet sich der Mensch *»unmittelbar«* an Gott (Evagrios). Sein Geist hält dann vertraute *»Zwiesprache mit Gott«* (Klemens von Alexandrien). Da der Mensch *»auf Gott hin«* erschaffen wurde und sein ruheloses Herz erst dann zur Ruhe kommt, wenn es in Gott ruht (Augustinus), kann man sagen, dass er erst im Gebet auch ganz zu sich selbst findet.

Das Gebet ist also, wenn es mehr sein soll als die bloße Rezitation vorgefertigter Texte, die natürlich durchaus ihren Sinn hat, namentlich am Anfang, ein erhabenes Geschehen! Da aber die *Kunst des Betens*, im Unterschied zur Rezitation der von unseren heiligen Vätern verfassten Gebete, nicht einfach übernommen werden kann, muss jede Generation diese hohe Kunst neu erlernen. Die Bücher über das Gebet wollen eben dies: In die Kunst des Betens einführen.

»Beten« ist an sich ein allgemeinmenschliches Tun. Das bedeutet allerdings nicht, dass alle Menschen, gleich welcher Religion sie angehören, *gleich beten* – ja auch nur *zu dem Gleichen beten*. Nicht für jede Religion bedeutet Beten ja vertraute »Zwiesprache des Geistes mit Gott«! Selbst zwischen Altem und Neuem Bund besteht da ein wesentlicher Unterschied.

Und es geschah, dass sich [der Herr] an einem Ort befand und betete. Als er geendet hatte, sagen seine Jünger zu ihm:
Herr, lehre uns beten, wie auch Johannes seine Jüngern gelehrt hat [zu beten]!«
Lukas 11,1

Dieser berühmte Vers, auf den sich jene gern berufen, die über das Gebet schreiben, lehrt uns zunächst, dass sich nicht nur an der Person Christi, sondern offenbar auch am Gebet *die Geister scheiden!* Johannes der Täufer steht gleichsam an der Schwelle zum Neuen Bund, gehört aber noch dem Alten an. Wir wissen nicht, welches Gebet, das sie von den übrigen Juden unterschied, er seine Jünger gelehrt hat. Man darf wohl annehmen, dass es noch weitgehend im Geist des Alten Bundes gehalten war. Vielleicht geben uns die Texte von Qumran eine Vorstellung davon, wie die Johannesjünger beteten, wird der Täufer doch häufig mit diesem Zweig des Judentums in Verbindung gebracht.

Das Gebet der Jünger Christi ist offenbar verschieden von diesen alttestamentlichen Gebeten, sehr verschieden sogar. Und vor allem: *Man kann es nur von Christus selbst lernen!* Der Herr antwortet auf die Bitte der Jünger mit der Übergabe des *Vaterunsers*, jenem Gebet also, an dem sich fortan Christen und Nichtchristen unterschieden – und dies in einem solchen Maß, dass die Neuchristen es in der Alten Kirche ursprünglich erst *nach Erhalt der Taufe*, bei der sie den »Geist der Sohnschaft« empfingen, erstmals sprechen durften! Denn erst jetzt waren sie *in Christ durch den Heiligen Geist* befähigt zu sagen, was an sich nur der Sohn sagen kann: »*Abba, Vater!*«

Die frühesten Väterschriften *Über das Gebet* sind daher allesamt Kommentare des Vaterunsers. Auch die vorliegende kleine Schrift enthält eine kurze Auslegung des Vaterunsers. Erst in einem Anhang gehen die heiligen Väter dann auch auf die besondere *Weise* ein, wie man als Christ zu beten hat. Rein äußerlich betrachtet findet man vieles davon auch in anderen Religionen wieder, namentlich natürlich im Judentum, aus dem das Christentum ja erwachsen ist. Aber die Tatsache, dass der Beter ein *Christ* ist, verwandelt diese scheinbar allgemeinmenschlichen Formen, Gesten und so weiter von innen her vollkommen und füllt sie mit einem neuen Sinn.

Das vorliegende Büchlein vereint Texte von Gesprächen über Gebet und Mystik, die S. E. Hilarion, Metropolit von Volokolamsk, in den letzten Jahren im Fernsehen oder mit Jugendlichen geführt hat. Die Gesprächsstruktur (Fragen – Antworten) ist zum Glück erhalten geblieben, was dem Ganzen seine Frische und Unmittelbarkeit gibt. In einfacher, klarer Sprache antwortet der Autor hier auf Fragen, die man ihm bei verschiedenen Gelegenheiten gestellt hatte.

Die *Fragen* sind jene, die sich jeder Christ stellt oder doch stellen sollte. Sie behandeln in loser Folge alle erdenklichen Aspekte des christlichen Betens, auch seine – tatsächlichen oder vermeintlichen – Schwierigkeiten. Die *Antworten* des Autors schöpfen aus der ganzen Fülle der Tradition: Heilige Schrift und heilige Väter. Beide zusammen bilden ja erst die *Tradition der Kirche*. Wir können sie unterscheiden, dürfen sie aber niemals trennen.

Denn, wie der Apostel Johannes zu Anfang seines ersten Briefes so überdeutlich gezeigt hat, gelangt man zu Christus – und durch ihn zum Vater – nur über jene, die bereits vor uns mit ihm Gemeinschaft hatten und die von dieser Gemeinschaft Zeugnis abgelegt haben: zuerst die Jünger Christi, dann in ihrer Folge die heiligen Väter unseres Glaubens! *Wer in diesem Geist betet, der ist also nie allein*. Er reiht sich ein in den Chor all jener, die bereits vor ihm zu Gott gebetet haben und nun »in Gott« sind, jene Heiligen, deren wir auch im öffentlichen, gemeinsamen Kult gedenken und die in ihren Ikonen allzeit gegenwärtig sind.

An dieser tiefen, und ganz natürlichen Verwurzelung in der Tradition der ungeteilten Kirche erkennt man im Autor dieses Büchleins nicht nur den *orthodoxen Christen*, sondern vor allem auch den *Mönch*, der der Metropolit ja seit frühester

Jugend ist. Die Spiritualität, die er seinen Zeitgenossen zu vermitteln sucht, ist indessen keine typische »Mönchsspiritualität«, die es vermutlich in der Orthodoxen Kirche auch gar nicht gibt, sondern einfach die Spiritualität der Kirche und deren vornehmste, aber keineswegs ausschließliche Träger die Mönche sind.

Es dürfte kaum nötig sein, den Autor näher vorzustellen. Jeder hat ihn wohl schon einmal auf Photos in der Presse gesehen. S. E. Metropolit Hilarion (Alfejev) ist heute Leiter des *Kirchlichen Außenamtes des Patriarchats von Moskau (OVCS)*. Von seiner ersten Ausbildung her ist er indessen Musiker. Dieser »ersten Liebe« folgend, hat der Autor in den letzten Jahren eine ganze Anzahl vielbeachteter Werke veröffentlicht, so zum Beispiel seine berühmte *Matthäus-Passion*, ein Weihnachtsoratorium, eine Psalmensymphonie und vieles mehr. Diese musikalischen Werke sind auch im Westen leicht zugänglich.

Metropolit Hilarion ist heute aber auch einer der angesehensten *Theologen* der Russischen Orthodoxen Kirche, die ihm zahlreiche und wachsende Aufgaben übertragen hat. Es wäre wünschenswert, wenn seine wichtigsten Werke, die bereits in verschiedenen europäischen Sprachen erschienen sind, auch im deutschen Sprachraum bekannter würden. Das vorliegende Büchlein ist hoffentlich ein Schritt in diese Richtung!

S'chima-Archimandrit Gabriel (Bunge)
Roveredo, den 30.10.2012

Gebet als Begegnung

Gebet ist Begegnung mit dem lebendigen Gott. Das Christentum eröffnet dem Menschen einen unmittelbaren Zugang zu Gott, der den Menschen hört, der ihm hilft und der ihn liebt. Das ist der grundlegende Unterschied des Christentums beispielsweise zum Buddhismus, bei dem der Betende es während der Meditation mit einem unpersönlichen Überwesen zu tun hat, in das er sich versenkt und in das hinein er sich auflöst; aber Gott als lebendige Person spürt er nicht. Beim christlichen Gebet nimmt der Mensch die Gegenwart des lebendigen Gottes wahr.

Im Christentum erschließt sich uns Gott, der Mensch geworden ist. Wenn wir vor einer Christusikone stehen, betrachten wir den Fleisch gewordenen Gott. Wir wissen, dass es unmöglich ist, sich Gott vorzustellen, ihn zu beschreiben, ihn auf einer Ikone oder einem Bild darzustellen. Aber es ist möglich, den Gott darzustellen, der Mensch geworden ist – als den, der den Menschen erschienen ist. Durch Jesus Christus als Menschen entdecken wir für uns Gott. Diese Entdeckung geschieht im Gebet, das sich an Christus richtet.

Durch das Gebet erfahren wir, dass Gott an allem teilhat, was in unserem Leben geschieht. Deswegen soll das Gespräch mit Gott nicht Hintergrund unseres Lebens, sondern sein wesentlicher Inhalt sein. Zwischen dem Menschen und Gott gibt es viele Barrieren, die nur mit Hilfe des Gebets zu überwinden sind.

Oft wird gefragt: Wozu soll man beten, Gott um etwas bitten, wenn Gott doch auch so schon weiß, was wir brauchen? Darauf würde ich so antworten: Wir beten nicht, um von Gott etwas zu erbitten. In gewissen Fällen erbitten wir zwar von Gott konkrete Hilfe in diesen oder jenen Lebensumständen. Aber der Hauptinhalt des Gebets sollte das nicht sein.

Gott kann nicht nur »Hilfsmittel« in unseren irdischen Angelegenheiten sein. Hauptinhalt des Gebets muss immer das Stehen vor Gott bleiben, die Begegnung mit ihm. Man soll beten, um mit Gott zusammen zu sein, ihn zu berühren, seine Gegenwart zu spüren.

Allerdings ereignet sich die Begegnung mit Gott im Gebet nicht immer. Wir können ja auch durchaus nicht immer, wenn wir einen Menschen treffen, die Barrieren überwinden, die uns trennen, und in die Tiefe gehen. Oft bleibt unser Kontakt mit anderen Menschen auf einer oberflächlichen Ebene. Ebenso ist es beim Gebet. Manchmal fühlt es sich so an, als wäre zwischen uns und Gott eine fensterlose Mauer, als würde Gott uns nicht hören. Aber wir müssen verstehen, dass diese Barriere nicht von Gott aufgestellt ist: *Wir* selbst errichten sie durch unsere Sünden. Mit den Worten eines westlichen mittelalterlichen Theologen: Gott ist uns immer nahe, aber wir sind ihm oft fern; Gott hört uns immer, aber wir hören ihn nicht; Gott ist immer in uns, aber wir sind außen; Gott ist in uns zu Hause, aber wir sind in ihm Fremde.

Daran wollen wir denken, wenn wir uns zum Gebet bereit machen. Wir wollen daran denken, dass wir jedes Mal, wenn wir uns zum Gebet erheben, mit dem lebendigen Gott in Berührung sind.

Gebet als Dialog

Das Gebet ist ein Dialog. Es schließt nicht nur ein, dass wir uns an Gott wenden, sondern auch die Antwort von Gott selbst. Wie bei jedem Dialog ist es beim Gebet wichtig, sich nicht nur zu äußern, sich auszusprechen, sondern auch die Antwort anzuhören. Nicht immer kommt die Antwort Gottes unmittelbar in den Minuten des Gebets, manchmal geschieht sie ein wenig später. Es kommt zum Beispiel vor, dass wir Gott um unverzügliche Hilfe bitten, aber sie kommt erst nach einigen Stunden oder Tagen. Und trotzdem verstehen wir, dass die Hilfe eben deshalb gekommen ist, weil wir im Gebet von Gott Hilfe erbeten haben.

Durch das Gebet können wir vieles über Gott erfahren. Wenn wir beten, ist es sehr wichtig, bereit dafür zu sein, dass Gott sich uns zeigt, aber er kann sich anders erweisen, als wir ihn uns vorgestellt haben. Oft begehen wir den Fehler, dass wir mit unseren eigenen Vorstellungen von Gott vor ihn treten, und diese Vorstellungen verhüllen vor uns die reale Gestalt des lebendigen Gottes, die Gott selbst uns eröffnen kann. Nicht selten schaffen die Menschen in ihrem Bewusstsein irgendein Idol und beten zu diesem Idol. Dieses tote, künstlich geschaffene

Idol wird zum Hindernis, zur Barriere zwischen dem lebendigen Gott und uns Menschen. »Schaffe dir selbst ein falsches Bild Gottes und versuche, zu ihm zu beten. Schaffe dir ein Bild eines ungnädigen Gottes und grausamen Richters – und versuche, zu ihm mit Vertrauen und Liebe zu beten« – bemerkt Metropolit Antonius von Surož. Wir sollen also darauf vorbereitet sein, dass Gott sich uns nicht als der zeigt, als den wir ihn uns vorgestellt haben. Wenn wir zu beten beginnen, ist es deshalb nötig, dass wir auf alle Bilder verzichten, die unsere Vorstellung und die menschliche Phantasie erschaffen.

Die Antwort von Gott kommt auf unterschiedliche Weise, aber das Gebet bleibt niemals unbeantwortet. Wenn wir die Antwort nicht hören, dann heißt das, dass in uns selbst etwas nicht in Ordnung ist, dass wir nicht genug in jener Tonart gestimmt sind, die notwendig ist, um Gott zu begegnen.

Es gibt ein Gerät, das man Stimmgabel nennt und das beispielsweise von Klavierstimmern verwendet wird; es gibt den reinen Ton »a« an. Und die Saiten des Flügels müssen so gespannt sein, dass der Ton, den sie von sich geben, sich in genauer Übereinstimmung mit dem Ton der Stimmgabel befindet. Solange die Saite »a« nicht in der nötigen Weise gespannt ist, kann man noch so viel in die Tasten hauen, die Stimmgabel wird schweigen. Aber in dem Moment, wenn die Saite die nötige Spannung erreicht, beginnt die Stimmgabel, dieser metallene, leblose Gegenstand, plötzlich zu vibrieren und zu klingen. Nachdem der Meister die eine Saite »a« gestimmt hat, stimmt er danach auch das »a« in den anderen Oktaven (beim Flügel werden durch jede Taste mehrere Saiten angeschlagen, das ergibt ein besonderes Klangvolumen). Dann stimmt er »h«, »c« und so weiter, eine Oktave nach der anderen, bis das ganze Instrument in Übereinstimmung mit der Stimmgabel gestimmt ist.

Ebenso soll es auch mit uns im Gebet geschehen. Wir sollen uns auf Gott einstimmen, auf ihn unser ganzes Leben stimmen, alle Saiten unserer Seele. Wenn wir unser Leben auf Gott einstimmen, lernen wir seine Gebote zu erfüllen; wenn das Evangelium unser sittliches und geistiges Gesetz wird und wir in Übereinstimmung mit den göttlichen Geboten zu leben beginnen, dann beginnen wir zu spüren, wie in unserer Seele beim Gebet die Gegenwart Gottes widerhallt, genau wie die Stimmgabel, die im Ton der richtig gestimmten Saite erklingt.

Wann soll man beten?

Wann und wie lange soll man beten? Der Apostel Paulus sagt:

> *Betet ohne Unterlass!*
>
> 1 Thessalonicher 5,17

Der Heilige Gregor der Theologe schreibt:

> *Es ist nötig, öfter Gottes zu gedenken als zu atmen.*

Im Idealfall soll das ganze Leben des Christen vom Gebet durchdrungen sein.

Viel Not, Kummer und Unglück geschehen eben deshalb, weil die Menschen Gott vergessen. Es gibt sogar unter Verbrechern gläubige Menschen, aber in dem Moment, in dem sie ein Verbrechen begehen, denken sie nicht an Gott. Es ist schwer, sich einen Menschen vorzustellen, der einen Mord oder Raub begeht mit dem Gedanken an den Gott, der alles sieht, vor dem man nichts Böses verbergen kann. Und jede Sünde wird vom Menschen gerade dann begangen, wenn er Gottes nicht gedenkt.

Die meisten Menschen sind nicht in der Lage, den ganzen Tag lang zu beten, deshalb ist es nötig, eine bestimmte Zeit zu finden, sei sie auch kurz, um Gottes zu gedenken.

Morgens wachen Sie auf mit dem Gedanken daran, was Ihnen an diesem Tag bevorsteht. Bevor Sie anfangen zu arbeiten und in die unvermeidliche Geschäftigkeit verfallen, widmen Sie wenigstens einige Minuten Gott. Stellen Sie sich vor Gott und sagen Sie: »Herr, du hast mir diesen Tag geschenkt, hilf mir, ihn ohne Sünde zu verbringen, ohne Untugend, bewahre mich vor allem Bösen und vor allem Unglück.« Bitten Sie um den Segen Gottes für den beginnenden Tag.

Bemühen Sie sich, den ganzen Tag über immer wieder einmal Gottes zu gedenken. Wenn es Ihnen schlecht geht, wenden Sie sich an ihn mit dem Gebet: »Herr, mir geht es schlecht, hilf mir.« Wenn es Ihnen gut geht, sagen Sie zu Gott: »Herr, sei gepriesen, ich danke dir für diese Freude.« Wenn Sie wegen jemandem beunruhigt sind, sagen Sie Gott: »Herr, ich mache mir Sorgen um ihn, es tut mir leid um ihn, hilf ihm.« Und so den ganzen Tag über – was mit Ihnen auch geschehen möge, verwandeln Sie es in Gebet. Wenn der Tag zu Ende geht und Sie sich zum Schlafen bereit machen, denken Sie an den vergangenen Tag, danken Sie Gott für alles Gute, das geschehen ist, und bringen Sie Reue für alle unwürdigen Taten und Sünden vor ihn, die Sie an diesem Tag begangen haben. Bitten Sie Gott um Beistand und Segen für die kommende Nacht. Wenn Sie lernen, im Laufe jedes Tages so zu beten, werden Sie bald bemerken, wie sehr Ihr ganzes Leben kraftvoller wird.

Oft rechtfertigen Menschen ihren Unwillen zu beten damit, dass sie zu beschäftigt und überlastet mit Aufgaben seien. Ja, viele von uns leben in einem Rhythmus, in dem die Menschen früher nicht lebten. Manchmal müssen wir im Laufe eines Tages eine Fülle von Aufgaben erledigen. Aber es gibt im Leben immer irgendwelche Pausen. Zum Beispiel stehen wir an der Haltestelle und warten auf die Straßenbahn – drei, fünf Minuten. Wir fahren in der U-Bahn – zwanzig, dreißig Minuten. Wir wählen eine Telefonnummer und hören das Besetztzeichen – wieder einige Minuten. Nutzen wir wenigstens diese Pausen für das Gebet, so sind sie keine verlorene Zeit.

Kurze Gebete

Oft wird gefragt: Wie soll man beten, mit welchen Worten, in welcher Sprache? Manche sagen gar: »Ich bete nicht, weil ich es nicht kann, ich kenne keine Gebete.« Für das Gebet braucht man keinerlei besondere Fähigkeiten. Mit Gott kann man sich einfach unterhalten. Beim Gottesdienst in der russisch-orthodoxen Kirche verwenden wir eine besondere Sprache, das Kirchenslawisch. Aber im persönlichen Gebet, wenn wir allein mit Gott sind, braucht es keinerlei besondere Sprache. Wir können mit Gott in der Sprache sprechen, in der wir auch mit den Leuten sprechen, in der wir denken. Das Gebet soll sehr einfach sein. Der Heilige Isaak der Syrer sagte:

Das ganze Gewebe deines Gebets soll wenig kompliziert sein. Ein Wort des Zöllners rettete ihn, und ein Wort des Schächers am Kreuz machte ihn zum Erben des Himmlischen Reiches.

Erinnern wir uns an das Gleichnis vom Zöllner und Pharisäer:

Zwei Männer gingen zum Tempel herauf, um zu beten; der eine war ein Pharisäer, der andere ein

Zöllner. Der Pharisäer stellte sich hin und sprach leise dieses Gebet: Gott, ich danke dir, dass ich nicht wie die anderen Menschen bin, die Räuber, Betrüger, Ehebrecher oder auch wie dieser Zöllner dort. Ich faste zweimal in der Woche und gebe dem Tempel den zehnten Teil meines ganzen Einkommens. Der Zöllner aber blieb ganz hinten stehen und wagte nicht einmal, seine Augen zum Himmel zu erheben, sondern schlug sich an die Brust und betete: Gott, sei mir Sünder gnädig!

Lukas 18,10–13

Und dieses kurze Gebet rettete ihn. Erinnern wir uns auch an den Schächer, der mit Jesus gekreuzigt wurde und der zu ihm sagte:

Denk an mich, Herr,
wenn du in dein Reich kommst.

Lukas 23,42

– Dieses Gebet allein war genug, dass er ins Paradies kam.

Das Gebet kann äußerst kurz sein. Wenn Sie gerade am Anfang Ihres Gebetsweges sind, beginnen Sie mit sehr kurzen Gebeten – solchen, auf die Sie sich konzentrieren können. Gott braucht keine Worte – er braucht das Herz des Menschen. Worte sind sekundär, erstrangige Bedeutung hat dagegen die Empfindung, die Stimmung, mit der wir vor Gott treten. Wenn wir vor Gott treten ohne die Empfindung der Ehrfurcht oder in Zerstreutheit, wenn während des Gebets unser Geist umherirrt, dann ist das viel schlimmer, als im Gebet ein falsches Wort zu sagen. Ein zerstreutes Gebet hat weder Sinn noch Wert. Hier gilt ein einfaches Gesetz: Wenn die Worte des Gebets nicht bis zu unserem Herzen gelangen, erreichen sie auch Gott nicht. Manchmal wird gesagt, ein solches Gebet erhebt sich nicht höher als bis zur Decke des Zimmers, in dem wir beten. Es sollte doch den Himmel erreichen! Deshalb ist es sehr wichtig, dass jedes Wort des Gebets von uns tief erlebt wird. Wenn wir nicht in der Lage sind, uns auf die langen Gebete zu konzentrieren, die in den Gebetbüchern der Orthodoxen Kirche enthalten sind, versuchen wir uns in kurzen Gebeten: »Herr, erbarme dich«, »Herr, errette mich«, »Herr, hilf mir«, »Herr, sei mir Sünder gnädig«.

Ein Asket sagte: Wenn wir mit der ganzen Kraft der Empfindung, von ganzem Herzen, mit ganzer Seele nur das eine Gebet »Herr, erbarme dich« sagen könnten, dann wäre das genug, um das Heil zu erlangen. Aber das Problem besteht darin, dass wir das in der Regel nicht von ganzem Herzen, mit unserem ganzen Leben sagen können. Deshalb gebrauchen wir oft so viele Worte, um von Gott erhört zu werden.

Wir wollen daran denken, dass Gott nach unserem Herzen dürstet, nicht nach unseren Worten. Und wenn wir uns von ganzem Herzen an ihn wenden, werden wir auf jeden Fall eine Antwort bekommen.

Gebet und Leben

Das Gebet ist nicht nur mit Freuden und Gewinn verbunden, die dank seiner geschehen, sondern auch mit mühseliger täglicher Arbeit. Manchmal bringt das Gebet große Freude, erfrischt den Menschen, schenkt ihm neue Kräfte und neue Möglichkeiten. Aber sehr oft kommt es vor, dass der Mensch nicht zum Gebet aufgelegt ist, dass er keine Lust hat, zu beten. Aber das Gebet darf nicht von unserer Laune abhängen. Gebet ist Arbeit. Der Heilige Siluan vom Athos sagte:

Beten – das heißt Blut vergießen.

Wie bei jeder Arbeit wird vom Menschen Anstrengung gefordert, mitunter eine gewaltige, um sich sogar in den Minuten, wenn die Lust zum Beten fehlt, dazu zu zwingen. Und diese Opfertat macht sich hundertfach bezahlt.

Aber warum haben wir manchmal keine Lust zu beten? Ich denke, die Hauptursache besteht darin, dass unser Leben nicht dem Gebet entspricht, nicht auf es abgestimmt ist. In meiner Kindheit, als ich an einer Musikschule lernte, hatte ich einen ausgezeichneten Geigenlehrer: Seine Stunden waren manchmal sehr interessant und manchmal sehr mühsam; dabei hing das nicht von *seiner* Laune ab, sondern davon, wie gut oder schlecht *ich* mich auf die Stunde vorbereitet hatte. Wenn ich viel geübt hatte, irgendein Stück gelernt hatte und gut gewappnet in den Unterricht kam, dann verging die Stunde wie im Fluge, und sowohl dem Lehrer als auch mir war es angenehm. Wenn ich aber die ganze Woche über faul gewesen war und unvorbereitet kam, dann war der Lehrer betrübt, und mir ging es schlecht, weil die Stunde nicht so lief, wie ich es mir wünschte.

Genauso ist es mit dem Gebet. Wenn unser Leben nicht Vorbereitung auf das Gebet ist, dann kann uns das Beten sehr schwerfallen. Das Gebet ist ein Indikator unseres geistlichen Lebens, wie eine Art Lackmus-Test. Wir sollen unser Leben so ausrichten, dass es dem Gebet entspricht. Wenn wir beim Vaterunser sagen: »Herr, dein Wille geschehe«, dann bedeutet das, dass wir tatsächlich bereit sein müssen, den Willen Gottes zu erfüllen, auch wenn dieser unserem menschlichen Willen widerspricht. Wenn wir zu Gott sagen: »Und vergib uns unsere Schuld, wie auch wir vergeben unseren Schuldigern«, dann verpflichten wir uns, den Menschen zu vergeben, ihnen ihre Schuld zu erlassen, denn wenn wir unseren Schuldigern ihre Schuld nicht erlassen, dann wird nach der Logik dieses Gebets Gott uns auch unsere Schuld nicht erlassen.

So muss eins dem anderen entsprechen: Das Leben dem Gebet und das Gebet dem Leben. Ohne diese Übereinstimmung wird uns weder unser Gebet noch unser Leben gelingen.

Lassen wir uns nicht verwirren, wenn es uns schwerfällt zu beten. Das bedeutet, dass Gott uns vor neue Aufgaben stellt, wobei wir diese im Gebet wie auch im Leben lösen sollen. Wenn wir lernen, nach dem Evangelium zu leben, dann lernen wir auch, entsprechend dem Evangelium zu beten. Dann wird unser Leben wertvoll, geistlich, wahrhaft christlich.

Das Orthodoxe Gebetbuch

Man kann auf verschiedene Weise beten, zum Beispiel mit eigenen Worten. Solch ein Gebet soll den Menschen ständig begleiten. Morgens und abends, am Tag und bei Nacht kann der Mensch sich mit den einfachsten, aus der Tiefe des Herzens kommenden Worten an Gott wenden.

Aber es gibt ebenso Gebetsworte, die schon im Altertum von Heiligen verfasst worden sind. Und es ist nötig, sie zu lesen, um das Beten zu lernen. Diese Gebetsworte sind im »Orthodoxen Gebetbuch« enthalten. Dort finden Sie Morgen- und Abendgebete, Buß- und Dankgebete, verschiedene Kanons, Akathisten (stehend gesungener Lobgesang zu Ehren von Jesus Christus, der Gottesmutter oder der Heiligen) und vieles andere.

Wenn Sie sich das »Orthodoxe Gebetbuch« kaufen, erschrecken Sie nicht, dass es so viele Gebete enthält. Sie sind nicht verpflichtet, sie *alle* zu lesen.

Um die Morgengebete schnell zu lesen, braucht es ungefähr zwanzig Minuten. Aber um sie gedankenvoll, aufmerksam zu lesen, sodass jedes Wort im Herzen Widerhall findet, kann es auch eine ganze Stunde brauchen. Wenn Sie keine Zeit haben, versuchen Sie also nicht, alle Morgengebete zu lesen, lesen Sie besser eins oder zwei, aber so, dass jedes Wort Ihr Herz erreicht.

Vor dem Abschnitt »Morgengebete« wird gesagt:

> *Bevor du beginnst zu beten, bleib ein wenig stehen, bis deine Empfindungen sich beruhigt haben, und dann sprich in Aufmerksamkeit und Ehrfurcht: »Im Namen des Vaters und des Sohnes und des Heiligen Geistes. Amen.« Bleib noch ein wenig stehen, und erst dann beginne zu beten.*

Diese Pause, die »Schweigeminute« vor dem Beginn des Gebets, ist sehr wichtig. Gebete sollen aus der Stille unseres Herzens aufsteigen. Bei Menschen, die täglich die Morgen- und Abendgebete »herunterlesen«, gibt es ständig die Versuchung, die »Regel« so schnell wie möglich zu lesen, um schneller die Alltagsgeschäfte zu beginnen. Oft entgleitet bei solch einem Lesen das Wichtigste – der Inhalt des Gebets.

In dem Gebetbuch sind viele an Gott gerichtete Bitten zu finden, die mehrere Male wiederholt werden. Zum Beispiel können Sie auf die Empfehlung stoßen, das »Herr erbarme dich« zwölfmal oder vierzigmal zu lesen. Einige fassen das als eine Formalität auf und lesen dieses Gebet mit großer Geschwindigkeit herunter. Übrigens, das »Herr, erbarme dich« heißt auf Griechisch »Kyrie eleison«. In der russischen Sprache gibt es das Verb »kurolesit« (auf Deutsch etwa: »Unfug treiben«), das eben davon abstammt, dass die Psalmbeter im Chorgestühl sehr schnell viele Male wiederholten: »Kyrie eleison« – das heißt, sie beteten nicht, sondern »trieben Unfug«. Also, beim Gebet soll man nicht Unfug treiben. So oft Sie auch dieses Gebet sprechen, es muss mit Aufmerksamkeit, Ehrfurcht und Liebe ausgesprochen werden, mit ganzer Hingabe.

Es ist nicht nötig, sich zu bemühen, alle Gebete zu lesen. Besser ist es, zwanzig Minuten dem »Vater unser« zu widmen, es mehrere Male zu wiederholen und sich dabei in jedes Wort zu vertiefen. Es fällt einem Menschen, der es nicht gewöhnt ist, längere Zeit zu beten, oft nicht leicht, gleich eine große Anzahl von Gebeten zu lesen, aber danach soll man auch gar nicht streben. Wichtig ist es, sich von jenem Geist durchdringen zu lassen, den die Gebete der Kirchenväter atmen. Das ist der hauptsächliche Nutzen, den man aus den im »Orthodoxen Gebetbuch« enthaltenen Gebeten ziehen kann.

Die Gebetsregel

Was ist eine Gebetsregel? Das sind Gebete, die der Mensch regelmäßig, täglich spricht. Jeder hat eine andere Gebetsregel. Bei den einen nimmt das Morgen- oder Abendgebet mehrere Stunden in Anspruch, bei den anderen einige Minuten. Alles hängt von der geistlichen Veranlagung des Menschen ab, von seiner Verwurzelung im Gebet und davon, über wie viel Zeit er verfügt.

Es ist sehr wichtig, dass der Mensch eine Gebetsregel befolgt, und sei es eine ganz kurze, damit im Gebet Regelmäßigkeit und Beständigkeit entstehen. Aber die Regel darf nicht zur Formalität verkommen. Die Erfahrung vieler Gläubigen zeigt, dass beim ständigen Sprechen derselben Gebete die Worte verblassen, ihre Frische verlieren können und dass der Mensch, der sich an sie gewöhnt, sich weniger auf sie konzentrieren kann. Diese Gefahr muss man mit allen Kräften zu vermeiden suchen.

Ich erinnere mich, dass ich mich, als ich Mönch wurde, an einen erfahrenen Geistlichen wandte und um Rat fragte, welche Gebetsregel ich erfüllen sollte. Er sagte: »Du musst täglich die Morgen- und Abendgebete lesen, drei Kanones und einen Akathistos. Was auch geschehen möge, auch wenn du sehr müde bist, du bist verpflichtet, sie zu lesen. Selbst wenn du sie eilig und unaufmerksam liest, das macht nichts, Hauptsache die Regel wird erfüllt.« Ich versuchte es. Es hat nicht funktioniert: Das tägliche Lesen ein und derselben Gebete führte dazu, dass ich der Texte bald überdrüssig wurde. Zudem verbrachte ich jeden Tag viele Stunden in der Kirche bei Gottesdiensten, die mich geistlich stärkten, sättigten, beflügelten. Und das Lesen der drei Kanones und des Akathistos wurde zu einer unnötigen Zugabe. Ich begann einen anderen Rat zu suchen, der besser für mich passte, und fand ihn in den Werken von Theophan dem Klausner, einem bemerkenswerten Asketen des 19. Jahrhunderts. Er riet dazu, die Gebetsregel nicht nach der Anzahl der Gebete zu bemessen, sondern nach der Zeit, die wir bereit sind, Gott zu widmen. Zum Beispiel können wir es uns zur Regel machen, morgens und abends eine halbe Stunde zu beten, und diese halbe Stunde soll vollkommen Gott hingegeben werden. Es ist nicht so wichtig, ob wir in diesen Minuten alle Gebete oder nur eines sprechen; vielleicht widmen wir einen Abend ganz der Lesung der Psalmen, des Evangeliums oder dem Gebet mit eigenen Worten. Hauptsache ist, dass wir uns auf Gott ausrichten, dass unsere Aufmerksamkeit nicht abschweift und dass jedes Wort unser Herz erreicht. Dieser Rat passte für mich. Im Übrigen schließe ich nicht aus, dass für andere der Rat des Geistlichen besser passt. Hier hängt viel von der Individualität des Menschen ab.

Mir scheint, dass für einen Menschen, der in der Welt lebt, nicht nur fünfzehn, sondern auch schon fünf Minuten des morgendlichen und abendlichen Gebets genug sein können, wenn es mit Aufmerksamkeit und Empfindung gesprochen wird. Wichtig ist nur, dass der Gedanke immer den Worten entspricht, dass das Herz auf die Worte des Gebets antwortet und das ganze Leben dem Gebet entspricht.

Versuchen Sie, dem Rat von Theophan dem Klausner folgend, einige Zeit im Laufe des Tages für das Gebet und die tägliche Erfüllung einer Gebetsregel zu bestimmen. Sie werden sehen, dass das sehr bald Früchte bringen wird.

Die Gefahr der Gewöhnung

Jeder Gläubige stößt auf die Gefahr der Gewöhnung an die Worte der Gebete und der Zerstreutheit während des Gebets. Damit dies nicht geschieht, muss der Mensch ständig mit sich kämpfen oder, wie die Heiligen Väter sagten, »über seinen Geist wachen«; er muss lernen »den Geist in die Worte des Gebets einzuschließen«.

Wie soll man das erreichen? Vor allem darf man sich nicht gestatten, Worte auszusprechen, wenn Verstand und Herz auf sie nicht antworten. Wenn Sie begonnen haben, ein Gebet zu sprechen, aber mittendrin Ihre Aufmerksamkeit abschweift, kehren Sie zu der Stelle zurück, wo sich die Aufmerksamkeit zerstreut hat, und wiederholen Sie das Gebet. Wenn es nötig ist, wiederholen Sie es dreimal, fünf- oder zehnmal, aber versuchen Sie zu erreichen, dass Ihr ganzes Wesen darauf antwortet.

Einmal wandte sich in der Kirche eine Frau an mich: »Batjuschka [Väterchen, Anrede für einen Geistlichen], ich lese seit vielen Jahren Gebete, morgens und abends, aber je mehr ich sie lese, desto weniger gefallen sie mir, desto weniger spüre ich, dass ich an Gott glaube. Mir sind die Worte dieser Gebete so langweilig geworden, dass ich auf sie schon gar nicht mehr reagiere.« Ich sagte ihr: »Dann *lesen* Sie keine Morgen- und Abendgebete.« Sie wunderte sich: »Was soll das heißen?« Ich wiederholte: »Lassen Sie es, lesen Sie sie nicht. Wenn Ihr Herz darauf nicht antwortet, müssen Sie eine andere Weise des Betens finden. Wie viel Zeit nehmen bei Ihnen die Morgengebete in Anspruch?« – »Zwanzig Minuten.« – »Sind Sie bereit, jeden Morgen Gott zwanzig Minuten zu widmen?« – »Ich bin bereit.« – »Dann nehmen Sie ein Morgengebet Ihrer Wahl und lesen Sie es zwanzig Minuten lang. Lesen Sie einen Satz, schweigen Sie, denken Sie nach, was er bedeutet, dann lesen Sie einen anderen Satz, schweigen Sie, denken Sie über seinen Inhalt nach, wiederholen Sie ihn noch einmal, denken Sie nach, ob er Ihrem Leben entspricht, ob Sie bereit sind, so zu leben, dass dieses Gebet zur Realität Ihres Lebens wird. Sie sprechen: ›Herr, nimm mir nicht Deine himmlischen Güter.‹ Was bedeutet das? Oder: ›Herr, verschone mich von den ewigen Qualen.‹ Worin besteht die Gefahr dieser ewigen Qualen, fürchten Sie sie wirklich, hoffen Sie wirklich, ihnen zu entrinnen?«

Die Frau begann so zu beten, und bald wurde ihr Gebet wieder lebendig.

Beten muss man lernen. Man muss an sich arbeiten, man darf sich nicht erlauben, vor einer Ikone stehend leere Worte zu sprechen.

Auf die Qualität des Gebets wirkt sich auch aus, was ihm vorausging und was auf es folgt. Es ist unmöglich, zu beten im Zustand des Ärgers, wenn wir uns zum Beispiel vor dem Beginn des Gebets mit jemandem gestritten haben, jemanden angeschrien haben. Das heißt, in der dem Gebet vorausgehenden Zeit sollen wir uns innerlich darauf vorbereiten, indem wir uns von dem befreien, was uns beim Beten stört, indem wir uns auf die Tonart des Betens einstimmen. Dann wird es für uns leichter sein zu beten. Und natürlich darf man nach dem Gebet nicht sofort wieder in Geschäftigkeit versinken. Wenn Sie das Gebet beendet haben, gönnen Sie sich einige Zeit, um die Antwort Gottes zu hören, damit etwas in Ihnen erklingt, Resonanz zeigt auf die Gegenwart Gottes.

Das Gebet ist nur dann wertvoll, wenn wir spüren, dass dank seiner sich in uns etwas verändert, dass wir beginnen, anders zu leben. Das Gebet soll Früchte bringen, und diese Früchte sollen spürbar sein.

Die Körperhaltung beim Gebet

In der Gebetspraxis der Alten Kirche wurden verschiedene Körperhaltungen und Gesten verwendet. Es wurde stehend, auf den Knien gebetet, in der sogenannten Haltung des Propheten Elija, das heißt kniend mit zur Erde gesenktem Kopf; es wurde auf dem Boden liegend mit ausgestreckten Armen gebetet, oder stehend mit emporgehobenen Armen. Beim Gebet waren tiefe und mittlere Verneigungen gebräuchlich, ebenso das Kreuzzeichen. Aus der ganzen Vielfalt überlieferter Körperhaltungen während des Gebets sind in der heutigen Praxis einige übrig geblieben. Dies sind vor allem das Gebet im Stehen und das Gebet im Knien, begleitet von Kreuzzeichen und Verneigungen.

Warum ist es überhaupt wichtig, dass der Körper am Gebet teilnimmt? Warum kann man nicht einfach im Geiste beten, während man im Bett liegt oder im Sessel sitzt? Im Prinzip kann man ebenso liegend wie stehend beten: In besonderen Fällen, während einer Krankheit zum Beispiel oder auf einer Reise, machen wir es auch so. Aber unter normalen Umständen ist es notwendig, die Körperhaltungen zu verwenden, die sich in der Überlieferung der Orthodoxen Kirche erhalten haben. Es ist so, dass der Körper und der Geist im Menschen untrennbar verbunden sind, und der Geist kann nicht vollkommen unabhängig vom Körper existieren. Nicht zufällig haben die alten Väter gesagt:

> *Wenn der Körper sich beim Gebet nicht abmüht, bleibt das Gebet fruchtlos.*

Gehen Sie in eine orthodoxe Kirche zu einem Gottesdienst während des Großen Fastens und Sie werden sehen, dass die ganze Gemeinde von Zeit zu Zeit auf die Knie fällt, dann aufsteht, wieder auf die Knie fällt und wieder aufsteht. Und so geht es während des ganzen Gottesdienstes. Sie werden spüren, dass dieser Gottesdienst eine besondere Intensität hat, dass die Menschen nicht einfach beten, sondern sich *mühen* im Gebet, eine Gebetsaskese auf sich nehmen. Und gehen Sie in manche protestantische Kirchen. Während des ganzen Gottesdienstes sitzen die Betenden. Es werden Gebete gelesen, es werden geistliche Lieder gesungen, aber die Leute sitzen einfach, bekreuzigen sich nicht, verneigen sich nicht, und wenn der Gottesdienst beendet ist, stehen sie auf und gehen. Vergleichen Sie diese beiden Weisen des Gebets in der Kirche – die orthodoxe und die protestantische –, und Sie werden den Unterschied spüren. Der Unterschied liegt in der Intensität des Gebets. Die Menschen beten zu ein und demselben Gott, aber sie beten auf verschiedene Weise. Und in vielem tritt dieser Unterschied gerade dadurch zutage, in welcher Haltung sich der Körper des Betenden befindet.

Verneigungen sind beim Gebet sehr hilfreich. Wer die Möglichkeit hat, im Rahmen seiner Gebetsregel morgens und abends wenigstens einige halbe oder tiefe Verneigungen zu machen, spürt zweifellos, wie das in geistlicher Hinsicht nützlich ist. Der Körper wird mehr gesammelt, und bei der Sammlung des Körpers ist die Sammlung des Geistes und der Aufmerksamkeit ganz natürlich.

Während des Gebets sollen wir uns von Zeit zu Zeit mit dem Kreuz bezeichnen, besonders wenn wir sprechen: »Im Namen des Vaters und des Sohnes und des Heiligen Geistes«, und ebenso, wenn wir den Namen des Erlösers aussprechen. Das ist notwendig, da ja das Kreuz das Werkzeug unserer Errettung ist. Wenn wir uns das Kreuzzeichen auferlegen, ist die Kraft Gottes auf spürbare Weise in uns anwesend.

Gebet vor Ikonen

Beim Gebet darf das Äußere nicht das Innere ersetzen. Das Äußere kann dem Inneren helfen, aber es kann auch hinderlich sein. Die überlieferten Körperhaltungen beim Gebet begünstigen zweifellos den Gebetszustand, aber sie können in keiner Weise den wesentlichen Inhalt des Gebets ersetzen.

Man darf nicht vergessen, dass einige Körperhaltungen nicht allen möglich sind. Zum Beispiel sind viele ältere Menschen einfach nicht in der Lage, Verneigungen bis zum Boden zu machen. Es gibt auch viele Menschen, die nicht lange stehen können. Ich musste von älteren Leuten hören: »Ich gehe nicht in die Kirche zum Gottesdienst, weil ich nicht stehen kann«, oder »Ich bete nicht zu Gott, weil mir die Beine wehtun.« Gott braucht nicht die Beine, sondern das Herz. Wenn Sie nicht stehend beten können, beten Sie sitzend; wenn Sie nicht sitzend beten können, beten Sie liegend. Wie ein Asket sagte:

Besser sitzend an Gott denken
als stehend an die Beine denken.

Hilfsmittel sind wichtig, aber sie können nicht den Inhalt ersetzen. Eines der wichtigsten Hilfsmittel beim Beten sind Ikonen. Orthodoxe Christen beten in der Regel vor Ikonen des Erlösers, der Gottesmutter, der Heiligen, vor Darstellungen des Heiligen Kreuzes. Protestanten beten ohne Ikonen. Und man kann den Unterschied zwischen dem protestantischen und dem orthodoxen Gebet sehen. In der orthodoxen Tradition ist das Gebet konkreter. Indem wir eine Christusikone betrachten, schauen wir gleichsam durch ein Fenster, das uns eine andere Welt eröffnet, und hinter dieser Ikone steht Er, zu dem wir beten.

Aber es ist sehr wichtig, dass die Ikone nicht das Objekt des Gebets ersetzt, damit wir uns im Gebet nicht an die Ikone wenden und auch nicht versuchen, uns den vorzustellen, der auf der Ikone dargestellt ist. Die Ikone ist nur eine Erinnerung, nur ein Symbol jener Realität, die hinter ihr steht. Wie die Kirchenväter sagten:

Die Ehre, die wir dem Abbild erweisen,
steigt auf zum Urbild.

Wenn wir vor eine Ikone des Erlösers oder der Gottesmutter treten und sie verehren, das heißt, sie küssen, dann drücken wir dadurch unsere Liebe zum Erlöser oder zur Gottesmutter aus.

Die Ikone darf sich aber nicht in ein Idol verwandeln. Und es darf nicht die Illusion geben, Gott sei genau der, als der Er auf der Ikone dargestellt wird. Es gibt zum Beispiel eine Ikone der Heiligen Dreifaltigkeit, die »Neutestamentliche Dreifaltigkeit« genannt wird. Sie ist nicht kanonisch, das heißt, sie entspricht nicht den kirchlichen Regeln, aber in einigen Kirchen kann man sie sehen. Auf dieser Ikone ist Gottvater als weißhaariger Greis dargestellt, Jesus Christus als junger Mann und der Heilige Geist als Taube. In keinem Fall darf man der Versuchung nachgeben, sich vorzustellen, dass die Heilige Dreifaltigkeit wirklich so aussieht. Die Heilige Dreifaltigkeit ist Gott, den die menschliche Einbildungskraft sich nicht vorstellen kann. Und wenn wir uns an den dreifaltigen Gott wenden, müssen wir uns von jeder Art von Phantasie lossagen. Unsere Vorstellungskraft muss frei von Bildern sein, der Geist kristallklar und das Herz bereit, den lebendigen Gott aufzunehmen.

Gebet für die Nächsten

Wir sollen nicht nur für uns selbst beten, sondern auch für unsere Nächsten. Jeden Morgen und jeden Abend und auch während des Gottesdienstes oder sonst in der Kirche sollen wir unserer Verwandten, Nahestehenden, Freunde und Feinde gedenken und für alle zu Gott beten. Das ist sehr wichtig, weil die Menschen mit unzerreißbaren Banden untereinander verbunden sind. Oft rettet das Gebet eines Menschen für den anderen diesen aus großer Gefahr.

Im Leben des heiligen Gregor des Theologen gab es folgende Begebenheit: Als er noch ein junger Mann war, ungetauft, überquerte er das Mittelmeer mit einem Schiff. Plötzlich kam ein starker Sturm auf, der viele Tage anhielt, und niemand hatte mehr Hoffnung auf Rettung; das Schiff war fast gesunken. Gregor betete zu Gott, und während des Gebets sah er seine Mutter, die sich zu dieser Zeit am Ufer befand, und, wie später klar wurde, die Gefahr spürte und angestrengt für ihren Sohn betete. Das Schiff erreichte allen Erwartungen zum Trotz wohlbehalten das Ufer. Gregor erinnerte sich immer daran, dass er seine Rettung den Gebeten der Mutter verdankte.

Nun kann man sagen: »Na gut, noch eine Geschichte aus dem Leben der alten Heiligen. Warum geschieht denn so etwas heute nicht mehr?« Ich kann Ihnen versichern, dass es auch heute geschieht. Ich kenne nicht wenige Leute, die durch die Gebete von Nahestehenden vor dem Tod und aus großer Gefahr gerettet wurden. Auch in meinem Leben gab es nicht wenige Fälle, in denen ich Gefahren entkam durch die Gebete meiner Mutter oder anderer Menschen, zum Beispiel meiner Gemeindemitglieder.

Einmal geriet ich in einen Autounfall und blieb, wie ich sagen kann, durch ein Wunder am Leben, denn das Auto stürzte einen Abhang hinunter und überschlug sich mehrere Male. Vom Auto blieb nichts übrig, aber der Fahrer und ich blieben ganz und unverletzt. Das geschah frühmorgens, gegen fünf Uhr. Als ich am Abend desselben Tages in die Kirche zurückkam, wo ich diente, fand ich dort einige Gemeindemitglieder, die um halb fünf Uhr morgens aufgewacht waren, weil sie eine Gefahr fühlten, und begonnen hatten, für mich zu beten. Ihre erste Frage war: »Batjuschka, was ist mit Ihnen geschehen?« Ich glaube, dass der Fahrer und ich durch ihr Gebet vor Unheil bewahrt wurden.

Wir sollen für unsere Nächsten aber nicht deswegen beten, weil Gott nicht wüsste, wie er sie retten soll, sondern weil Er will, dass wir gegenseitig an unserem Heil mitwirken. Natürlich weiß Er selbst, was jeder Mensch braucht – wir und unsere Nächsten. Wenn wir für unsere Nächsten beten, dann bedeutet das nicht, dass wir barmherziger sein wollen als Gott. Aber es bedeutet, dass wir mitwirken wollen an ihrem Heil. Und wir dürfen im Gebet diejenigen nicht vergessen, mit denen uns das Leben zusammengeführt hat, und auch nicht, dass sie für uns beten. Jeder von uns kann abends vor dem Schlafengehen zu Gott sagen: »Herr, auf die Fürsprache aller, die mich lieben, erlöse mich.«

Wir wollen an die lebendige Verbindung zwischen uns und unseren Nächsten denken und im Gebet stets aneinander denken.

Gebet für die Verstorbenen

Wir sollen aber nicht nur für jene Nächsten beten, die leben, sondern auch für die, die uns schon in die andere Welt verlassen haben.

Das Gebet für die Verstorbenen ist vor allem für uns notwendig, denn bei uns entsteht das natürliche Gefühl des Verlusts, wenn ein uns nahestehender Mensch fortgeht, und wir leiden darunter sehr. Aber dieser Mensch lebt weiter, nur lebt er in einer anderen Dimension, weil er in die andere Welt hinübergegangen ist. Damit die Verbindung zwischen uns und dem Menschen, der von uns gegangen ist, nicht abreißt, sollen wir ihn in unsere Gebete einbeziehen. Dann werden wir seine Anwesenheit fühlen, spüren, dass er nicht von uns fortgegangen ist, dass unsere lebendige Beziehung zu ihm bestehen bleibt.

Aber das Gebet für den Verstorbenen ist natürlich auch für ihn nötig, denn wenn ein Mensch stirbt, geht er hinüber in ein anderes Leben, um dort Gott zu begegnen und sich für alles zu verantworten, was er während seines irdischen Lebens getan hat, Gutes und Schlechtes. Es ist sehr wichtig, dass ihn auf diesem Weg Gebete von Nahestehenden begleiten – Gebete von denen, die hier auf der Erde geblieben sind, die die Erinnerung an ihn bewahren. Ein Mensch, der diese Welt verlässt, verliert alles, was ihm diese Welt gegeben hat, es bleibt nur seine Seele. Aller Reichtum, den er im Leben besessen hat: Alles, was er erworben hat, bleibt hier. In die andere Welt geht nur die Seele. Und die Seele wird von Gott gerichtet nach dem Gesetz der Barmherzigkeit und der Gerechtigkeit. Wenn der Mensch im Leben etwas Böses getan hat, muss er dafür die Strafe auf sich nehmen. Aber wir, die wir bei den Lebenden geblieben sind, können Gott darum bitten, dass er das Los dieses Menschen erleichtere. Und die Kirche glaubt, dass das Los des Verstorbenen nach dem Tod erleichtert wird durch die Gebete derer, die für ihn hier auf der Erde beten.

Der Held des Romans von Dostojewskij *Die Brüder Karamasow*, Starez Sosima (dessen Prototyp der Heilige Tichon von Sadonsk war), sagt über das Gebet für die Verstorbenen:

> *Jeden Tag und immer wenn du kannst wiederhole für dich: »Herr, erbarme dich aller, die heute vor Dir erscheinen.« Denn zu jeder Stunde und in jedem Augenblick verlassen Tausende von Menschen ihr Leben auf dieser Welt, und ihre Seelen stehen vor dem Herrn – und wie viele von ihnen verabschieden sich von der Erde in Einsamkeit, ohne dass jemand davon weiß, in Kummer und Sehnsucht, und niemand trauert um sie ... Und seht, vielleicht erhebt sich auch dein Gebet vom anderen Ende der Erde für sein Seelenheil, selbst wenn du ihn überhaupt nicht gekannt hast, aber*

er dich. Wie gerührt ist seine Seele, die in Furcht vor Gott steht, wenn sie in jenem Augenblick fühlt, dass es einen Beter für ihn gibt, dass auf der Erde menschliche Wesen geblieben sind, die ihn lieben. Und Gott schaut barmherziger auf euch beide, denn wenn schon du so um ihn trauerst, umso mehr trauert Er, der unendlich barmherziger ist ... Und er wird ihm um deinetwillen vergeben.

Gebet für die Feinde

Dass es notwendig ist für die Feinde zu beten, ergibt sich aus dem Wesen der Morallehre von Jesus Christus selbst. In der vorchristlichen Epoche gab es die Regel:

Du sollst deinen Nächsten lieben
und deinen Feind hassen.

Matthäus 5,43

Entsprechend eben dieser Regel lebt heute die Mehrzahl der Menschen. Es ist für uns natürlich, die Nächsten zu lieben, die uns Gutes tun, und uns mit Feindseligkeit und Hass gegenüber denen zu verhalten, von denen Böses ausgeht. Aber Christus spricht, dass unser Verhältnis ganz anders sein soll:

Liebt eure Feinde, segnet, die euch verfluchen, tut denen Gutes, die euch hassen, und betet für die, die euch beleidigen und verfolgen.

Matthäus 5,44

Christus selbst hat im Laufe seines irdischen Lebens mehrfach ein Beispiel gegeben von der Liebe zu den Feinden und vom Gebet für die Feinde.

Als der Herr am Kreuz hing und die Soldaten ihn annagelten, litt er schreckliche Qualen, unwahrscheinlichen Schmerz, aber er betete:

Vater, vergib ihnen,
denn sie wissen nicht, was sie tun.

Lukas 23,34

Er dachte in jenem Moment nicht an sich, nicht daran, dass diese Soldaten ihm Schmerzen zufügten, sondern an *ihre* Rettung, denn sie, die Böses taten, fügten vor allem sich selbst Schaden zu.

Wir müssen daran denken, dass Menschen, die uns Böses tun oder sich feindselig uns gegenüber verhalten, an sich nicht schlecht sind. Schlecht ist die Sünde, durch die sie verwundet sind. Man soll die Sünde hassen, aber nicht ihren Träger – den Menschen. Wie Johannes Chrysostomus sagte:

Wenn du siehst, dass jemand dir Böses tut, hasse nicht ihn, sondern den Teufel, der hinter ihm steht.

Man muss lernen, den Menschen von der Sünde zu trennen, die er begeht. Der Priester beobachtet während der Beichte sehr oft, wie die Sünde sich real vom Menschen trennt, wenn jener sie bereut. Wir müssen in der Lage sein, uns vom sündhaften Bild des Menschen loszusagen, und daran denken, dass alle Menschen, darunter auch unsere Feinde und die, die uns hassen, nach dem Abbild Gottes geschaffen sind, und eben dieses Bild Gottes und den Keim des Guten, der in jedem Menschen vorhanden ist, dürfen wir nicht aus den Augen verlieren.

Warum ist es notwendig, für die Feinde zu beten? Es ist nötig nicht nur für sie, sondern auch für uns. Wir müssen in uns die Kräfte hineinfinden, uns mit den Menschen zu versöhnen. Archimandrit Sofronij sagt in seinem Buch über den Heiligen Siluan vom Athos:

> *Die den Bruder hassen und zurückweisen, sind in ihrem Sein geschädigt, sie können den Weg zu Gott nicht finden, der alle liebt.*

Das ist wahr. Wenn sich in unserem Herzen Hass gegen einen Menschen einnistet, sind wir nicht in der Lage, uns Gott zu nähern. Und solange sich dieses Gefühl in uns erhält, ist uns der Weg zu Gott versperrt. Deshalb ist es notwendig, für die Feinde zu beten.

Jedes Mal, wenn wir vor den lebendigen Gott hintreten, müssen wir absolut versöhnt sein mit allen, die wir als unsere Feinde ansehen. Erinnern wir uns an das, was der Herr sagt:

> *Wenn du deine Opfergabe zum Altar bringst und dir dabei einfällt, dass dein Bruder etwas gegen dich hat ... geh und versöhne dich zuerst mit deinem Bruder, dann komm und opfere deine Gabe.*
>
> Matthäus 5,23

Und ein anderes Wort des Herrn:

> *Schließ ohne Zögern Frieden mit deinem Gegner, solange du noch mit ihm auf dem Weg bist.*
>
> Matthäus 5,25

»Mit ihm auf dem Weg« – das heißt: »in diesem irdischen Leben«. Denn wenn wir uns hier nicht rechtzeitig mit denen versöhnen, die uns hassen und beleidigen – mit unseren Feinden –, dann gehen wir unversöhnt fort ins zukünftige Leben. Und dort wird es nicht möglich sein, das nachzuholen, was wir hier versäumt haben.

Beten in der Familie

Bisher haben wir hauptsächlich vom persönlichen, individuellen Gebet des Menschen gesprochen. Nun möchte ich einige Worte über das Gebet im Kreise der Familie sagen.

Die Mehrzahl unserer Zeitgenossen lebt so, dass die Mitglieder der Familie ziemlich selten zusammenkommen, im besten Fall zweimal am Tag – morgens beim Frühstück und abends beim Abendessen. Tagsüber sind die Eltern bei der Arbeit, die Kinder in der Schule, zu Hause bleiben nur Kinder im Vorschulalter und Rentner. Es ist sehr wichtig, dass es in der Tagesordnung einige Minuten gibt, in denen sich alle zusammen zum Gebet versammeln können. Wenn sich die Familie zum Abendessen versammelt, warum soll man nicht einige Minuten vorher zusammen beten? Man kann auch nach dem Abendessen einige Gebete sprechen und einen Abschnitt aus dem Evangelium lesen.

Das gemeinsame Gebet stärkt die Familie, weil ihr Leben nur dann wahrhaft wertvoll und glücklich ist, wenn nicht nur die Familienbande ihre Mitglieder verbinden, sondern auch Geistesverwandtschaft, eine gemeinsame Auffassung und Weltanschauung. Das gemeinsame Gebet hat außerdem einen segensreichen Einfluss auf jedes Mitglied der Familie, insbesondere hilft es den Kindern sehr.

In der Sowjetzeit war es verboten, Kinder im religiösen Geiste zu erziehen. Das Verbot wurde damit begründet, dass die Kinder zuerst aufwachsen und dann selbstständig wählen sollen, ob sie einen religiösen oder einen nichtreligiösen Weg gehen wollen. Dieses Argument verbirgt eine tiefe Lüge. Denn bevor ein Mensch die Möglichkeit hat zu wählen, muss er etwas gelernt haben. Und das beste Alter, um etwas zu lernen, ist natürlich die Kindheit. Für den, der von Kindheit an gewöhnt ist, ohne Gebet zu leben, ist es meist sehr schwer, beten zu lernen. Ein Mensch jedoch, der seit seiner Kindheit im Geiste des Gebets und des Segens erzogen worden ist, seit den ersten Jahren seines Lebens von der Existenz Gottes weiß und davon überzeugt ist, dass man sich immer an Gott wenden kann, bewahrt doch, selbst wenn er sich dann von der Kirche und von Gott entfernt, in irgendwelchen Tiefen, in Schlupfwinkeln der Seele, die in der Kindheit erworbene Gebetsfertigkeit und Religiosität. Und es kommt oft vor, dass Menschen, die sich von der Kirche entfernt haben, in irgendeinem Abschnitt ihres Lebens zu Gott zurückkehren, eben weil sie in der Kindheit gelernt haben zu beten.

Noch ein Aspekt: Heute gibt es in vielen russischen Familien Verwandte der älteren Generation, Großmütter und Großväter, die in einer nichtreligiösen Umwelt erzogen wurden. Noch vor zwanzig, dreißig Jahren konnte man sagen, dass die Kirche ein Ort für »Großmütter« ist. Heute bilden gerade die Großmütter die religionsloseste Generation: diejenigen, die in den Dreißiger- und Vierzigerjahren erzogen worden sind, in der Epoche des »militanten Atheismus«. Es ist sehr wichtig, dass ältere Leute ihren Weg zur Kirche finden. Es ist für niemanden zu spät, sich an Gott zu wenden, aber die Jüngeren, die diesen Weg schon gefunden haben, müssen taktvoll, allmählich, aber mit großer Beständigkeit auf das geistliche Leben ihrer älteren Verwandten einwirken. Und durch tägliches Gebet in der Familie kann man das besonders erfolgreich tun.

Gebet in der Kirche

Wie Erzpriester Georgij Florowskij, der bekannte Theologe des 20. Jahrhunderts, sagte, betet der Christ nie in Einsamkeit: Selbst wenn er sich in seinem Zimmer an Gott wendet, hinter verschlossenen Türen, betet er trotzdem als Mitglied der kirchlichen Gemeinde. Wir sind keine isolierten Individuen, wir sind Glieder der Kirche, Glieder eines Leibes. Und wir werden nicht als Einzelne gerettet, sondern zusammen mit den anderen – mit unseren Brüdern und Schwestern. Deshalb ist es sehr wichtig, dass jeder Mensch nicht nur die Erfahrung des individuellen Gebets macht, sondern auch die Erfahrung des kirchlichen Gebets, zusammen mit anderen Menschen.

Das kirchliche Gebet hat eine ganz besondere Bedeutung und einen besonderen Sinn. Viele von uns wissen aus eigener Erfahrung, wie schwer es manchmal für einen einzelnen Menschen ist, in das Gebet einzutauchen. Aber wenn Sie in die Kirche eintreten, tauchen Sie ein in das gemeinsame Gebet vieler Menschen, und dieses Gebet trägt uns fort in gewisse Tiefen, sodass unser Gebet mit dem Gebet der anderen verschmilzt.

Das menschliche Leben gleicht dem Schwimmen durch ein Meer oder einen Ozean. Es gibt natürlich Wagemutige, die alleine die Weiten des Meeres überqueren und dabei Sturm und Unwetter trotzen. Aber in der Regel versammeln sich die Menschen zu einer Gemeinschaft, um einen Ozean zu überqueren, und fahren auf einem Schiff von einem Ufer zum anderen. Die Kirche ist ein Schiff, auf dem die Christen gemeinsam auf dem Weg zum Heil unterwegs sind. Und das gemeinsame Gebet ist eines der stärksten Fortbewegungsmittel auf diesem Weg.

Vieles trägt in der Kirche zum Gebet bei, vor allem der Gottesdienst. Die gottesdienstlichen Texte, die in der Orthodoxen Kirche verwendet werden, sind außerordentlich reich in ihrem Inhalt; in ihnen liegt eine große Weisheit. Aber es gibt ein Hindernis, auf das viele stoßen, die in die Kirche kommen: die kirchenslawische Sprache. Heute wird viel darüber gestritten, ob man die slawische Sprache im Gottesdienst beibehalten oder zur russischen übergehen soll. Mir scheint, wenn unser Gottesdienst ganz und gar in die russische Sprache übersetzt würde, ginge sehr viel verloren. Die kirchenslawische Sprache besitzt eine große geistliche Kraft, und die Erfahrung zeigt, dass sie nicht gar so schwer ist, sich gar nicht so stark vom Russischen unterscheidet. Man muss einfach einige Mühe aufwenden, genau wie wir ja auch Anstrengungen auf uns nehmen, um uns die Fachsprache dieser oder jener Wissenschaft anzueignen, zum Beispiel der Mathematik oder Physik.

Um in der Kirche beten zu lernen, muss man also einige Mühe aufwenden, öfter in die Kirche gehen, vielleicht die grundlegenden gottesdienstlichen Bücher kaufen und in der Freizeit studieren. Dann wird sich uns aller Reichtum der liturgischen Sprache und der gottesdienstlichen Texte erschließen. Und Sie werden sehen, dass der Gottesdienst eine ganze Schule ist, die uns nicht nur im Gebet unterweist, sondern auch im geistlichen Leben.

Wozu soll man in die Kirche gehen?

Bei vielen Menschen, die nur selten eine Kirche besuchen, entwickelt sich eine gewisse Konsumhaltung. Sie kommen zum Beispiel vor einer langen Reise in die Kirche und stellen eine Kerze auf, für alle Fälle, damit unterwegs nichts passiert. Sie kommen für zwei, drei Minuten herein, bekreuzigen sich eilig ein paarmal, und nachdem sie die Kerze aufgestellt haben, gehen sie wieder. Einige, die in die Kirche kommen, sagen: »Ich möchte bezahlen, damit Batjuschka für dieses oder jenes betet«, bezahlen das Geld und gehen. Der Priester soll beten, aber diese Leute selbst nehmen an dem Gebet nicht teil.

Das ist keine richtige Haltung. Die Kirche ist kein »Snickersautomat«: Du wirfst Geld hinein, und die Süßigkeit fällt heraus. Die Kirche ist ein Ort, an den man kommen muss, um dort zu leben und zu lernen. Wenn Sie unter irgendwelchen Schwierigkeiten leiden oder einer Ihrer Nächsten erkrankt ist, belassen Sie es nicht dabei, zu kommen und eine Kerze aufzustellen. Kommen Sie zum Gottesdienst, tauchen Sie ein in das Element des Gebets und heben Sie zusammen mit dem Priester und der Gemeinde Ihr Gebet empor für das, was Sie bewegt.

Ein regelmäßiger Kirchenbesuch ist sehr wichtig. Es ist gut, die Kirche jeden Sonntag zu besuchen. Die sonntägliche Göttliche Liturgie und ebenso die Liturgie der hohen Feiertage – das ist eine Zeit, in der wir, befreit von unseren irdischen Angelegenheiten, in das Element des Gebets eintauchen können. Es ist gut, mit der ganzen Familie in die Kirche zu kommen, um zu beichten und die Kommunion zu empfangen.

Wenn der Mensch lernt, von Sonntag zu Sonntag zu leben, im Rhythmus der kirchlichen Gottesdienste, im Rhythmus der Göttlichen Liturgie, dann verändert sich sein Leben von Grund auf. Vor allem aber diszipliniert es. Der Gläubige weiß, dass er sich am nächsten Sonntag vor Gott verantworten muss, und er lebt anders, lässt viele Sünden nicht zu, die er möglicherweise zugelassen hätte, wenn er die Kirche nicht besuchen würde. Außerdem ist die Göttliche Liturgie selbst eine Möglichkeit, die Heilige Kommunion zu empfangen, das heißt, sich mit Gott nicht nur geistlich, sondern auch körperlich zu vereinigen. Und schließlich ist die Göttliche Liturgie ein allumfassender Dienst, weil die ganze Kirchengemeinde und jedes ihrer Mitglieder für alles beten können, worüber wir uns Sorgen machen, was uns beunruhigt oder was uns freut. Der Gläubige kann während der Liturgie für sich, für seine Nächsten, für seine Zukunft beten, seine Reue über die Sünden vor Gott bringen und den Segen Gottes für den weiteren Dienst erbitten. Es ist sehr wichtig zu lernen, wie man vollwertig an der Liturgie teilnimmt. In der Kirche gibt es auch andere Gottesdienste, zum Beispiel eine nächtliche Vigil[1] – ein Gottesdienst, der auf die Kommunion vorbereitet. Man kann eine Andacht[2] zu einem Heiligen oder ein Gebet für das Wohl eines Menschen in Auftrag geben. Aber keiner der sogenannten »Privat«-Gottesdienste – die von jemandem zum Gebet für seine konkreten Nöte in Auftrag gegeben wurden – kann die Teilnahme an der Göttlichen Liturgie ersetzen, weil eben die Liturgie das Zentrum des kirchlichen Gebets ist. Sie muss das Zentrum des geistlichen Lebens jedes Christen und jeder christlichen Familie bilden.

Innere Ergriffenheit und Tränen

Ich möchte einige Worte über den geistigen und emotionalen Zustand sagen, den Menschen beim Gebet empfinden. Erinnern wir uns an das bekannte Gedicht von Lermontow:

In schweren Minuten des Lebens
drängt sich dem Herzen Kummer auf:
Ein wundervolles Gebet
weiß ich auswendig zu sagen.
Es gibt eine segensreiche Kraft
im Wohlklang lebendiger Worte,
und es atmet ein unbegreiflicher,
heiliger Liebreiz in ihnen.
Von der Seele fällt eine Bürde ab,
Zweifel sind fern –
und man glaubt und weint,
und es wird so leicht, so leicht ...

Mit diesen wunderschönen einfachen Worten beschrieb der Dichter das, was sehr oft mit den Menschen während des Gebets geschieht. Der Mensch wiederholt die Worte der Gebete, die ihm vielleicht seit der Kindheit bekannt sind, und fühlt plötzlich so etwas wie eine Erleuchtung, Erleichterung, fühlt, wie die Tränen kommen. In der kirchlichen Sprache nennt sich dieser Zustand »umilenie«, innere Ergriffenheit. Es ist jener Zustand, der dem Menschen manchmal während des Gebets geschenkt wird, wenn er deutlicher und stärker als gewöhnlich die Gegenwart Gottes empfindet. Das ist der geistliche Zustand, wenn die Gnade Gottes unmittelbar unser Herz berührt.

Erinnern wir uns an die Stelle aus dem autobiografischen Buch von Iwan Bunin *Das Leben des Arsenew*, wo Bunin seine Jugendjahre beschreibt und wie er noch als Gymnasiast einen Gottesdienst in der Pfarrkirche von der Kreuzerhöhung des Herrn besuchte. Er beschreibt den Beginn der nächtlichen Vigil im Halbdunkel der Kirche, als noch ganz wenig Leute da waren:

> *Wie alles dies mich bewegt. Ich bin noch ein Junge, Jugendlicher, aber ich bin doch geboren mit einem Gefühl von alldem. So oft habe ich diese Rufe gehört und das unverzüglich auf sie folgende »Amen«; all dies wurde gleichsam ein Teil meiner Seele, und sie, die schon im Voraus jedes Wort des Gottesdienstes weiß, antwortet auf alles mit höchster innerlicher Bereitschaft. »Kommt, lasst uns anbeten ... Meine Seele preise den Herrn« – höre ich, und meine Augen füllen sich mit Tränen, weil ich jetzt ganz sicher weiß, dass es nichts Schöneres und Höheres als all dieses auf der Erde gibt und nicht geben kann. Und das heilige Mysterium fließt und fließt, es schließt und öffnet sich die Königspforte[3], und die Gewölbe der Kirche werden heller und wärmer erleuchtet von den vielen Kerzen.*

Und weiter schreibt Bunin davon, wie er eine Menge westliche Kirchen besuchte, wo die Orgel erklang, wie er in gotischen Kirchen war, wunderschön in ihrer Architektur,

> *aber nie und nirgendwo habe ich so geweint wie in dem Kirchlein von der Kreuzerhöhung an diesen dunklen und stillen Abenden.*

Nicht nur große Dichter und Schriftsteller reagieren auf jene gnadenvolle Wirkung, mit der der Besuch einer Kirche unvermeidlich verbunden ist. Jeder Mensch kann so empfinden. Es ist sehr wichtig, dass unsere Seele offen für diese Empfindungen ist, damit wir, wenn wir eine Kirche betreten, bereit sind, die Gnade Gottes in dem Maße zu empfangen, in dem sie uns gegeben wird. Wenn aber der Zustand der Gnade uns nicht gegeben wird und die innere Ergriffenheit sich nicht einstellt, soll man sich nicht verwirren lassen. Es bedeutet, dass unsere Seele noch nicht reif dafür ist. Die Minuten einer solchen Erleuchtung sind ein Zeichen dafür, dass unser Gebet nicht fruchtlos ist. Sie bezeugen, dass Gott auf unser Gebet antwortet und dass die Gnade Gottes unser Herz berührt.

Der Kampf gegen ablenkende Gedanken

Eines der Haupthindernisse für das aufmerksame Gebet ist das Auftauchen ablenkender Gedanken. Der Heilige Johannes von Kronstadt, ein großer Asket vom Ende des 19./Anfang des 20. Jahrhunderts, beschreibt in seinen Tagebüchern, wie während des Vollzugs der Göttlichen Liturgie, in den entscheidendsten und heiligsten Momenten plötzlich vor seinem gedanklichen Auge eine Apfel-Pirogge oder irgendein Orden auftauchte, der ihm verliehen werden könnte. Und er spricht mit Kummer und Bedauern davon, wie derartige ablenkende Bilder und Gedanken den Gebetszustand zerstören können. Wenn so etwas den Heiligen passiert, so ist nichts Verwunderliches dabei, dass dies auch uns passiert. Um uns vor derartigen Gedanken und ablenkenden Bildern zu schützen, müssen wir lernen, wie die alten Kirchenväter sagten, »über unseren Geist zu wachen«.

Die asketischen Schriftsteller der alten Kirche besaßen eine detailliert ausgearbeitete Lehre davon, wie ein ablenkender Gedanke allmählich in den Menschen eindringt. Das erste Stadium dieses Prozesses nennt sich »Beiläufigkeit«, das heißt unerwartetes Auftauchen des Gedankens.

Der Gedanke ist dem Menschen noch vollkommen fremd, er ist irgendwo am Horizont aufgetaucht, aber sein Eindringen nach innen beginnt, wenn der Mensch auf ihm seine Aufmerksamkeit ruhen lässt, ein Gespräch mit ihm beginnt, ihn betrachtet und analysiert. Dann beginnt das, was die Kirchenväter »Vereinigung« nannten – wenn der Geist des Menschen mit ihm sozusagen vertraut wird, mit dem Gedanken verschmilzt. Schließlich verwandelt sich der Gedanke in eine Leidenschaft und ergreift Besitz vom ganzen Menschen, und dann ist das Gebet ebenso wie das geistliche Leben bereits vergessen.

Damit das nicht geschieht, ist es sehr wichtig, ablenkende Gedanken beim ersten Auftreten abzuschneiden, ihnen nicht zu gestatten, in die Tiefe der Seele, des Herzens und des Geistes vorzudringen. Es ist unmöglich, dass der Mensch keine Zerstreutheit beim Gebet empfindet, wenn er es nicht gelernt hat, mit ablenkenden Gedanken zu kämpfen.

Eine der Krankheiten des heutigen Menschen besteht darin, dass er die Arbeit seines Gehirns nicht kontrollieren kann. Sein Gehirn ist autonom, und die Gedanken kommen und gehen unwillkürlich. Der heutige Mensch achtet in der Regel überhaupt nicht darauf, was in seinem Geist geschieht. Aber um wahres Beten zu erlernen, ist es nötig, auf seine inneren Impulse achten zu können und die, die nicht der Gebetshaltung entsprechen, mitleidlos abzuschneiden. Zur Überwindung der Zerstreutheit und zum Abschneiden ablenkender Gedanken sind kurze Gebete hilfreich – »Herr, erbarme dich«, »Gott, sei mir Sünder gnädig« und andere, die keine besondere Konzentration auf die Worte erfordern, sondern die Erweckung von Gefühlen und die Bewegung des Herzens hervorrufen. Mit Hilfe solcher Gebete kann man Aufmerksamkeit und Konzentration auf das Gebet erlernen.

Das Jesusgebet

Der Apostel Paulus sagt:

Betet ohne Unterlass!

1 Thessalonicher 5,17

Oft wird gefragt: Wie kann man denn unablässig beten, wenn wir arbeiten, lesen, essen, schlafen und so weiter, also das tun, was scheinbar unvereinbar mit dem Gebet ist? Die Antwort auf diese Frage in der orthodoxen Tradition ist das Jesusgebet. Gläubige, die das Jesusgebet praktizieren, erlangen das unablässige Gebet, also das unablässige Stehen vor Gott. Auf welche Weise geschieht das?

Das Jesusgebet lautet:

Herr Jesus Christus, Sohn Gottes,
sei mir Sünder gnädig.

Es gibt auch eine kürzere Form:

Herr Jesus Christus, erbarme dich meiner.

Man kann das Gebet aber auch auf drei Worte beschränken:

Herr, erbarme dich.

Der Mensch, der das Jesusgebet betet, wiederholt es nicht nur während des Gottesdienstes oder beim häuslichen Gebet, sondern auch unterwegs, während des Essens und beim Einschlafen. Sogar wenn er mit jemandem spricht oder jemand anderem zuhört, wiederholt er, ohne an Aufmerksamkeit zu verlieren, irgendwo in den Tiefen seines Herzens dieses Gebet.

Der Sinn des Jesusgebets besteht natürlich nicht in der mechanischen Wiederholung, sondern darin, dass man immer die lebendige Gegenwart Christi spürt. Diese Gegenwart spüren wir vor allem deshalb, weil wir beim Sprechen des Jesusgebets den Namen des Erlösers aussprechen.

Der Name ist ein Symbol seines Trägers, im Namen ist sozusagen der gegenwärtig, dem er gehört. Wenn ein junger Mann in ein Mädchen verliebt ist und an sie denkt, wiederholt er unablässig ihren Namen, weil sie in ihrem Namen gleichsam gegenwärtig ist. Und da die Liebe sein ganzes Wesen erfüllt, fühlt er die Notwendigkeit, diesen Namen immer und immer zu wiederholen. Ganz genauso wiederholt ein Christ, der den Herrn liebt, den Namen Jesu Christi, weil sein ganzes Herz und Wesen auf Christus gerichtet ist.

Es ist sehr wichtig, beim Beten des Jesusgebets nicht zu versuchen, sich Christus einzubilden, ihn sich vorzustellen als Menschen in irgendeiner Lebenssituation oder zum Beispiel am Kreuz hängend. Das Jesusgebet darf nicht mit Bildern verknüpft werden, die in unserer Phantasie entstehen können, weil dann ein Austausch des Realen durch das Eingebildete geschieht. Das Jesusgebet darf nur von der inneren Empfindung der Gegenwart Christi und des Stehens vor dem lebendigen Gott begleitet werden. Keinerlei äußere Bilder sind hier am Platz.

Weshalb ist das Jesusgebet so gut?

Das Jesusgebet hat einige besondere Eigenschaften. Vor allem geht es um die Anwesenheit des Namens Gottes in ihm.

Wir erwähnen den Namen Gottes sehr oft sozusagen aus Gewohnheit, gedankenlos. Wir sagen: »Gott, wie bin ich müde«, »Gott mit ihm[4], soll er ein andermal kommen« – und denken dabei überhaupt nicht an die Kraft, über die der Name Gottes verfügt. Dabei gab es schon im Alten Testament das Gebot:

> *Du sollst den Namen der Herrn, deines Gottes, nicht missbrauchen.*
>
> Exodus 20,7

Und die Israeliten verhielten sich mit äußerster Ehrfurcht gegenüber dem Namen Gottes. In der Epoche nach der Befreiung aus der babylonischen Gefangenschaft war es überhaupt verboten, den Namen Gottes auszusprechen. Dieses Recht hatte nur der Hohepriester einmal im Jahr, wenn er ins Allerheiligste, das wichtigste Heiligtum des Tempels hineinging. Wenn wir uns mit dem Jesusgebet an Christus wenden, dann haben das Aussprechen des Namens Christi und das Bekennen, dass er der Sohn Gottes ist, eine ganz besondere Bedeutung. Dieser Name muss mit größter Ehrfurcht ausgesprochen werden.

Eine andere Eigenschaft des Jesusgebets ist seine Einfachheit und Zugänglichkeit. Um das Jesusgebet zu beten, braucht man keine speziellen Bücher, keinen speziell zugewiesenen Ort, keine besondere Zeit. Darin besteht ein riesiger Vorteil gegenüber vielen anderen Gebeten.

Schließlich gibt es noch eine Eigenschaft, die dieses Gebet auszeichnet – in ihm bekennen wir unsere Sündhaftigkeit. »Erbarme dich über mich Sünder.« Dieser Gesichtspunkt ist sehr wichtig, denn viele Menschen empfinden heutzutage absolut nicht ihre Sündhaftigkeit. Sogar bei der Beichte kann man nicht selten hören: »Ich weiß nicht, was ich bereuen soll, ich lebe wie alle, ich töte nicht, ich stehle nicht« und so weiter. Dabei sind in der Regel gerade unsere Sünden die Ursachen unserer Nöte und Kümmernisse. Der Mensch nimmt seine Sünden deshalb nicht wahr, weil er fern von Gott ist, so wie wir in einem dunklen Zimmer weder Staub noch Schmutz sehen, aber sobald wir das Fenster öffnen, kommt ans Tageslicht, dass das Zimmer schon längst hätte geputzt werden müssen.

Die Seele des Menschen, die Gott fern ist, gleicht einem dunklen Zimmer. Aber je näher der Mensch Gott kommt, je mehr es in seiner Seele hell wird, desto stärker fühlt er seine eigene Sündhaftigkeit. Und das geschieht nicht, weil er sich mit anderen Menschen vergleicht, sondern weil er vor Gott steht. Wenn wir sagen: »Herr Jesus Christus, erbarme dich über mich Sünder«, stellen wir uns gleichsam vor das Angesicht Christi, vergleichen unser Leben mit seinem Leben. Und dann fühlen wir uns wirklich als Sünder und können aus der Tiefe unseres Herzens bereuen.

Die Praxis des Jesusgebets

Sprechen wir über einige praktische Aspekte des Jesusgebets. Einige stellen sich die Aufgabe, das Jesusgebet im Laufe eines Tages, sagen wir, hundert-, fünfhundert- oder tausendmal zu sprechen.

Um mitzuzählen, wie viele Male das Gebet gesprochen ist, benutzen sie eine Perlenschnur, ähnlich dem Rosenkranz in der westlichen Kirche, an der fünfzig, hundert oder mehr Perlen sind. Während der Mensch im Geiste das Gebet spricht, gleiten die Finger über die Perlen. Aber wenn Sie gerade die Übung des Jesusgebets beginnen, dann ist es besser, die Aufmerksamkeit auf die Qualität als auf die Quantität zu richten. Mir scheint, dass man anfangen sollte, die Worte des Jesusgebets sehr langsam auszusprechen, immer danach strebend, dass das Herz am Gebet teilnimmt. Sie sprechen: »Herr ... Jesus ... Christus ...«, und Ihr Herz soll, wie eine Stimmgabel, mit jedem Wort erklingen. Versuchen Sie nicht sofort, das Jesusgebet viele Male zu sprechen. Wenn Sie es insgesamt zehnmal sprechen, aber das Herz mit den Worten des Gebets mitklingt, dann wird es ausreichen.

Der Mensch hat zwei geistige Zentren – den Geist und das Herz. Mit dem Geist ist die intellektuelle Aktivität, die Einbildungskraft, das Denken verbunden, mit dem Herzen die Emotionen, Empfindungen, inneren Erfahrungen. Beim Sprechen des Jesusgebets soll das Zentrum das Herz sein. Eben deshalb versuchen Sie nicht, sich beim Beten etwas vorzustellen, zum Beispiel Jesus Christus; versuchen Sie, die Aufmerksamkeit im Herzen zu halten.

Bei den altkirchlichen Asketen-Schriftstellern wurde eine Technik ausgearbeitet, »den Geist in das Herz zu führen«, bei der das Jesusgebet mit dem Atem vereint wurde. Beim Einatmen wurde gesprochen: »Herr Jesus Christus, Sohn Gottes«, und beim Ausatmen »erbarme dich über mich Sünder«. Die Aufmerksamkeit des Menschen wurde sozusagen auf natürliche Weise vom Kopf ins Herz umgelenkt. Ich denke nicht, dass jeder sich im Jesusgebet gerade auf diese Weise üben sollte; es reicht aus, mit großer Aufmerksamkeit und Ehrfurcht die Worte des Gebets zu sprechen.

Beginnen Sie den Morgen mit dem Jesusgebet. Wenn Sie tagsüber eine freie Minute haben, sprechen Sie das Gebet noch einige Male; abends, vor dem Schlafen, wiederholen Sie es, bis Sie eingeschlafen sind. Wenn Sie lernen, mit dem Jesusgebet aufzuwachen und einzuschlafen, gibt Ihnen das eine gewaltige geistliche Unterstützung. Allmählich, in dem Maße, wie das Herz die Worte des Gebets immer mehr mitempfindet, können Sie dahin kommen, dass es unablässig in Ihnen betet, wobei der Hauptinhalt des Gebets nicht das Sprechen der Worte ist, sondern das ständige Empfinden der Gegenwart Gottes im Herzen. Und wenn

Sie damit begonnen haben, die Worte des Gebets laut auszusprechen, dann kommen Sie allmählich dahin, dass nur das Herz spricht, ohne Mitwirkung der Zunge oder der Lippen. Sie werden sehen, wie dieses Gebet Ihre ganze menschliche Natur, Ihr ganzes Leben verwandelt. Darin liegt die besondere Kraft des Jesusgebets.

Bücher über das Jesusgebet

Was ihr auch tut, womit ihr euch auch beschäftigt, zu jeder Zeit, tagsüber und nachts, sprecht mit den Lippen diese Göttlichen Worte: »Herr Jesus Christus, Sohn Gottes, erbarme dich meiner, des Sünders.« Das ist nicht schwer: während einer Reise, auf dem Weg, und während der Arbeit – ob du Holz hackst oder Wasser trägst, ob du den Boden umgräbst oder Essen kochst. Bei alldem arbeitet schließlich nur der Körper, aber der Geist bleibt ohne ein Werk, also gib ihm eine Beschäftigung, die der ihm eigenen unkörperlichen Natur entspricht – den Namen Gottes auszusprechen.

Das ist ein Auszug aus dem Buch *Auf den Bergen des Kaukasus*[5], das zum ersten Mal am Anfang des 20. Jahrhunderts erschienen und dem Jesusgebet gewidmet ist.

Ich möchte besonders hervorheben, dass man dieses Gebet lernen muss, am besten mit Hilfe eines geistlichen Führers. In der Orthodoxen Kirche gibt es Lehrmeister des Gebets – Mönche und Nonnen, Seelsorger und sogar Laien: Menschen, die selbst auf dem Weg der Erfahrung die Kraft des Gebets erkannt haben. Aber wenn Sie keinen solchen Lehrmeister finden – und viele beklagen sich, dass es heute sehr schwer ist, einen Lehrmeister im Gebet zu finden –, dann können Sie sich an solche Bücher wenden wie *Auf den Bergen des Kaukasus* oder *Aufrichtige Erzählungen eines Pilgers seinem geistlichen Vater*[6]. In dem Letzteren, das im 19. Jahrhundert erstmals erschien und viele Male neu aufgelegt wurde, wird von einem Menschen erzählt, der sich entschieden hat, das unablässige Gebet zu erlernen. Er war ein Pilger, ging mit Rucksack und Wanderstab von Stadt zu Stadt und lernte zu beten. Das Jesusgebet wiederholte er einige tausend Male am Tag.

Es gibt auch die klassische fünfbändige Sammlung von Werken heiliger Väter vom 4. bis 14. Jahrhundert – die *Tugendliebe*. Es handelt sich dabei um einen überaus reichen Schatz geistlicher Erfahrung mit vielen Lehren über das Jesusgebet und über die Nüchternheit – die Aufmerksamkeit des Geistes. Wer wahrhaft beten lernen will, sollte diese Büchern kennen.

Ich habe den Ausschnitt aus dem Buch *Auf den Bergen des Kaukasus* auch deshalb angeführt, weil ich vor vielen Jahren, als ich ein Jugendlicher war, Gelegenheit hatte, nach Georgien zu reisen, in die Berge des Kaukasus, nicht weit von Suchumi. Dort habe ich mich mit Einsiedlern getroffen. Sie lebten dort sogar in der Sowjetzeit, fern von der Geschäftigkeit der Welt, in Höhlen, Schluchten und Abgründen; von ihrer Existenz wusste niemand. Sie widmeten ihr Leben dem Gebet und überlieferten von Generation zu Generation den Schatz der Gebetserfahrung. Es waren

Menschen wie aus einer anderen Welt, die große geistliche Höhen erreicht hatten, tiefen inneren Frieden. Und all dies dank des Jesusgebets.

Gott gebe uns, dass wir durch erfahrene Lehrmeister und durch die Bücher der Heiligen Väter diesen Schatz finden können – das unablässige Verrichten des Jesusgebets.

»Vater unser im Himmel«

Das »Vater unser« hat eine besondere Bedeutung, weil es uns von Jesus Christus selbst gegeben wurde. Es beginnt mit den Worten: »Vater unser, der du bist im Himmel.« Dieses Gebet ist allumfassend im Charakter: In ihm ist sozusagen alles konzentriert, was der Mensch braucht, sowohl für das irdische Leben als auch für das Heil der Seele. Der Herr hat es uns gegeben, damit wir wissen, wofür es nötig ist zu beten, worum wir Gott bitten sollen.

Die ersten Worte dieses Gebets »Vater unser, der du bist im Himmel« zeigen uns, dass Gott nicht irgendein fernes abstraktes Wesen, nicht irgendein abstrakter guter Grundsatz ist, sondern unser Vater. Heutzutage antworten sehr viele Menschen auf die Frage, ob sie an Gott glauben, bejahend, aber wenn man sie fragt, wie sie sich Gott vorstellen, was sie über ihn denken, antworten sie ungefähr so: »Nun, Gott, das ist das Gute, das ist etwas Helles, Lichtes, das ist eine gewisse positive Energie.« Das heißt, sie verhalten sich zu Gott wie zu einer Abstraktion, wie zu etwas Unpersönlichem.

Wenn wir aber unser Gebet mit den Worten »Vater unser« beginnen, dann wenden wir uns sofort an einen persönlichen, lebendigen Gott, an Gott als Vater – an den Vater, von dem Christus im Gleichnis vom verlorenen Sohn sprach. Viele erinnern sich an den Gegenstand dieses Gleichnisses aus dem Lukasevangelium:

Ein Sohn beschloss, vom Vater fortzugehen, ohne dessen Tod abzuwarten. Er bekam das ihm zustehende Erbe, ging fort in ein fernes Land, brachte das Vermögen durch, und als er bis zur äußersten Armut und Entkräftung gelangt war, beschloss er, wieder zum Vater zurückzukehren. Er sagte sich:

> *Ich will aufbrechen und zu meinem Vater gehen und zu ihm sagen: Vater, ich habe mich gegen dich und gegen den Himmel versündigt. Ich bin nicht mehr wert, dein Sohn zu sein; mach mich zu einem deiner Tagelöhner.*
>
> Lukas 15,18–19

Und als der Vater ihn von Weitem kommen sah, lief er ihm entgegen und fiel ihm um den Hals. Der Sohn hatte gar keine Gelegenheit, die vorbereiteten Worte zu sagen, weil der Vater ihm sofort den Fingerring gab, das Zeichen der Sohneswürde, ihn in die früheren Kleider hüllte, das heißt, ihn wieder vollkommen in die Würde des Sohnes einsetzte. Genau so ist das Verhältnis Gottes zu uns. Wir sind nicht Tagelöhner, sondern Söhne Gottes, und der Herr verhält sich zu uns wie zu seinen Kindern. Deshalb soll unser Verhältnis zu Gott durch treue Ergebenheit und dankbare Kindesliebe gekennzeichnet sein.

Wenn wir sprechen »Vater unser«, dann bedeutet das, dass wir nicht isoliert voneinander beten wie einzelne Personen, von denen jeder seinen Vater hat, sondern als Glieder der einen menschlichen Familie, der einen Kirche, des einen Leibes Christi. Anders formuliert: Indem wir Gott Vater nennen, meinen wir damit, dass alle anderen Menschen unsere Brüder sind. Mehr noch, wenn Christus uns lehrt, uns im Gebet an Gott als unseren Vater zu wenden, stellt er sich gleichsam auf eine Stufe mit uns. Der Heilige Simeon der Theologe sagte, dass wir durch den Glauben an Christus Brüder Christi werden, weil wir mit ihm einen gemeinsamen Vater haben – unseren Himmlischen Vater.

Was die Worte »im Himmel« betrifft, so verweisen sie uns nicht auf den physischen Himmel, sondern darauf, dass Gott in einer ganz anderen Dimension lebt als wir, dass er uns absolut transzendent ist. Aber durch das Gebet, durch die Kirche haben wir die Möglichkeit, an diesem Himmel, das heißt an der anderen Welt teilzuhaben.

»Geheiligt werde dein Name«

Was bedeuten die Worte: »Geheiligt werde dein Name«? Der Name Gottes ist selbst schon heilig, er ist aufgeladen mit Heiligkeit, geistlicher Kraft und der Gegenwart Gottes. Warum soll man gerade mit diesen Worten beten? Bleibt der Name Gottes etwa nicht heilig, auch wenn wir nicht sprechen: »Geheiligt werde dein Name«?

Wenn wir sagen: »Geheiligt werde dein Name«, dann meinen wir vor allem, dass der Name Gottes geheiligt werden soll, das heißt, sich durch uns Christen und unser geistliches Leben als heilig erweisen soll. Der Apostel Paulus sagte, sich an die unwürdigen Christen seiner Zeit wendend:

> *Euretwegen wird unter den Heiden der Name Gottes gelästert.*
>
> Römer 2,24

Das sind sehr wichtige Worte. Sie sprechen davon, dass wir der geistlich-sittlichen Norm nicht entsprechen, die im Evangelium enthalten ist und nach der wir Christen verpflichtet sind zu leben. Und diese Nichtentsprechung ist vielleicht eine der größten Tragödien von uns als Christen und der ganzen christlichen Kirche.

Die Kirche verfügt über Heiligkeit, weil sie auf dem Namen Gottes gebaut ist, der selbst schon heilig ist. Die Glieder der Kirche entsprechen aber bei Weitem nicht den Normen, die die Kirche aufstellt. Oft muss man Vorwürfe hören – übrigens vollkommen gerechtfertigte – an die Adresse der Christen: »Wodurch könnt ihr die Existenz Gottes beweisen, wenn ihr selber nicht besser lebt, und manchmal schlechter als Heiden und Atheisten? Wie lässt sich der Glaube an Gott mit unwürdigen Taten vereinbaren?« Also muss jeder von uns sich täglich die Frage stellen: »Entspreche ich als Christ dem Ideal des Evangeliums? Wird durch mich der Name Gottes geheiligt oder gelästert? Bin ich ein Beispiel wahren Christentums, das in Liebe, Demut, Sanftmut und Barmherzigkeit besteht, oder bin ich ein Beispiel, das diesen Tugenden entgegengesetzt ist?«

Nicht selten wenden sich Leute an den Priester mit der Frage: »Was soll ich tun, um meinen Sohn (Tochter, Ehemann, Mutter, Vater) in die Kirche zu bringen? Ich spreche zu ihnen von Gott, aber sie wollen nicht hören.« Das Problem besteht darin, dass es nicht genug ist, einfach von Gott zu *sprechen*. Wenn ein Mensch, der gläubig geworden ist, versucht, andere, besonders seine Nächsten, mit Hilfe von Worten, Überreden und manchmal durch Zwang zu seinem Glauben zu bekehren, wenn er darauf besteht, dass sie beten oder in die Kirche gehen, dann gibt das oft ein umgekehrtes Resultat – bei seinen Nächsten entsteht eine Abneigung gegen alles Kirchliche und Geistliche. Wir können anderen Menschen nur dann die Kirche näherbringen, wenn wir selbst echte Christen werden, wenn sie, indem sie auf uns schauen, sagen: »Ja, jetzt verstehe ich, was der christliche Glaube mit dem Menschen machen kann, wie er ihn verwandeln, verändern kann; ich beginne an Gott zu glauben, weil ich sehe, wie sich Christen von Nichtchristen unterscheiden.«

»Dein Reich komme«

Was bedeuten diese Worte? Schließlich kommt das Reich Gottes doch unausweichlich, kommt das Ende der Welt, und die Menschheit geht hinüber in eine andere Dimension. Es ist offensichtlich, dass wir nicht dafür beten, dass das Ende der Welt anbreche, sondern dass das Reich Gottes zu uns komme, das heißt, dass es zur Realität unseres Lebens werde, dass unser heutiges – alltägliches, graues, und mitunter dunkles, tragisches – irdisches Leben von der Gegenwart des Reiches Gottes durchdrungen werde.

Was ist denn das – Reich Gottes? Um auf diese Frage zu antworten, ist es nötig, sich an das Evangelium zu wenden und sich zu erinnern, dass die Predigt von Jesus Christus mit den Worten begann:

> *Kehrt um! Denn das Himmelreich ist nahe.*
>
> Matthäus 4,17

Danach hat Christus viele Male zu den Menschen von Seinem Reich gesprochen, er widersprach nicht, wenn man Ihn einen König nannte – zum Beispiel, als er nach Jerusalem einzog und begrüßt wurde als König der Juden. Sogar als er vor Gericht stand, geschmäht, beschimpft, verleumdet wurde und Pilatus augenscheinlich mit Ironie die Frage stellte: »Bist du der König der Juden?«, antwortete der Herr:

> *Mein Reich ist nicht von dieser Welt.*
>
> Johannes 18,22–36

In diesen Worten des Erlösers ist auch die Antwort auf die Frage enthalten, was das Reich Gottes ist. Und wenn wir uns an Gott wenden »Dein Reich komme«, bitten wir darum, dass dieses geistliche Reich Christi, das nicht von dieser Welt ist, zur Realität unseres Lebens werde, dass in unserem Leben die geistliche Dimension erscheine, von der viel gesprochen wird, die aber so wenigen aus der Erfahrung bekannt ist.

Wenn der Herr Jesus Christus zu den Jüngern davon sprach, was ihn in Jerusalem erwartet – Qualen, Leiden und Kreuzestod –, sagte die Mutter zweier Jünger zu ihm:

> *Versprich, dass meine beiden Söhne in deinem Reich rechts und links von dir sitzen dürfen.*
>
> Matthäus 20,21

Er sprach davon, dass er leiden und sterben muss, und sie stellte sich einen Menschen auf dem Königsthron vor und wollte, dass seine Söhne neben ihm sind. Aber, wie wir uns erinnern, das Reich Gottes wurde zuerst am Kreuz sichtbar – Christus wurde gekreuzigt, aus ihm strömte Blut, aber über ihm hing eine Tafel: »König der Juden«. Und erst danach erschien das Reich Gottes in der ruhmreichen und rettenden Auferstehung Christi. Eben dieses Reich ist uns versprochen – das Reich, das durch große Anstrengungen und Leiden gewährt wird. Der Weg zum Reich Gottes geht über Gethsemane und Golgotha – durch jene Prüfungen und Versuchungen, jene Trauer und jenes Leid, das jedem von uns zugeteilt ist. Daran sollen wir denken, wenn wir im Gebet sprechen: »Dein Reich komme.«

»Dein Wille geschehe, wie im Himmel, so auf Erden«

Wir sprechen diese Worte mit solcher Leichtigkeit aus! Und sehr selten begreifen wir, dass unser Wille nicht unbedingt mit dem Willen Gottes zusammenfällt. Schließlich sendet Gott uns manchmal Leiden, aber wir schaffen es nicht, sie als von Gott gesandt anzunehmen, murren und entrüsten uns. Wie oft kommen Leute zum Priester und sagen: »Ich kann mit diesem und jenem nicht einverstanden sein, ich verstehe, dass es der Wille Gottes ist, aber ich kann mich dem nicht unterwerfen.« Was kann man einem solchen Menschen sagen? Man kann ihm ja nicht sagen, dass er augenscheinlich im Gebet des Herrn die Worte »Dein Wille geschehe« durch »mein Wille geschehe« ersetzen müsste!

Jeder von uns muss darum kämpfen, dass unser Wille mit dem guten Willen Gottes zusammenfalle. Wir sagen: »Dein Wille geschehe, wie im Himmel, so auf Erden.« Das heißt, der Wille Gottes, der im Himmel, in der geistlichen Welt schon geschieht, soll auch hier, auf Erden, geschehen, und vor allem in unserem Leben. Und wir sollen bereit sein, in allem der Stimme Gottes zu folgen. Es ist nötig, in sich die Kräfte zu finden, um dem eigenen Willen zu entsagen und den Willen Gottes auszuführen. Wenn wir beten, erbitten wir oft irgendetwas von Gott, aber erhalten es nicht. Und dann scheint uns, dass das Gebet nicht erhört wurde. Es ist nötig, in sich die Kräfte zu finden, um diese »Absage« von Seiten Gottes als Seinen Willen anzunehmen. Denken wir an Christus, der am Vorabend seines Todes zu seinem Vater betete und sagte:

Mein Vater, wenn es möglich ist,
gehe dieser Kelch an mir vorüber.

Aber da dieser Kelch schließlich nicht an ihm vorüberging, heißt das, die Antwort auf dieses Gebet war eine andere: den Kelch der Leiden, des Schmerzes und des Todes musste Jesus Christus austrinken. Da er das wusste, sagte er zum Vater:

Aber nicht wie ich will, sondern wie du willst.
Matthäus 26,39–42

So soll auch unser Verhältnis zum Willen Gottes sein. Wenn wir spüren, dass sich uns ein Leid nähert, dass es uns bevorsteht, den Kelch auszutrinken, der vielleicht über unsere Kräfte geht, können wir sagen: »Herr, wenn es möglich ist, dass dieser Kelch des Leides an mir vorübergeht, dann lass ihn vorübergehen.« Aber, ebenso wie Christus, müssen wir das Gebet mit den Worten schließen: »Aber nicht mein Wille, sondern Dein Wille geschehe.«

Man soll sich mit Vertrauen an Gott wenden. Oft bitten Kinder ihre Eltern um etwas, aber diese geben es ihnen nicht, weil sie es für schädlich halten. Erst Jahre später versteht der Mensch, wie recht die Eltern hatten. So geschieht es auch mit uns. Einige Zeit vergeht, und plötzlich verstehen wir, um wie viel segensreicher sich das erwiesen hat, was uns der Herr gesandt hat, als das, was wir nach unserem eigenen Willen bekommen wollten.

»Unser tägliches Brot gib uns heute«

Wir dürfen uns mit den verschiedensten Bitten an Gott wenden. Wir dürfen von ihm nicht nur etwas Erhabenes und Geistliches erbitten, sondern auch das, was für uns auf der materiellen Ebene notwendig ist. »Das tägliche Brot«[7] – das ist das, wovon wir leben, unser täglicher Lebensunterhalt. Dabei sprechen wir im Gebet: »Unser tägliches Brot gib uns *heute*.« Anders formuliert, wir bitten Gott nicht, uns für alle kommenden Tage unseres Lebens mit allem Notwendigen zu versorgen. Wir bitten Ihn um den täglichen Lebensunterhalt, wissend, dass er, wenn er uns heute ernährt, uns auch morgen ernähren wird. Indem wir diese Worte aussprechen, drücken wir unser Vertrauen Gott gegenüber aus: Wir vertrauen ihm heute unser Leben an, wie wir es ihm auch morgen anvertrauen werden.

Die Worte »tägliches Brot« verweisen auf das, was uns zum Leben notwendig ist, und nicht auf irgendwelche Unmäßigkeiten. Der Mensch kann auf den Weg der Habsucht kommen und, obwohl er alles Notwendige hat – ein Dach über dem Kopf, ein Stück Brot, minimale materielle Güter –, anfangen, Materielles anzuhäufen, Luxus zu treiben. Dieser Weg führt in eine Sackgasse, denn je mehr der Mensch anhäuft, je mehr Geld er hat, desto mehr spürt er eine Leere des Lebens, fühlt, dass es noch andere Bedürfnisse gibt, die man nicht mit materiellen Gütern befriedigen kann. Also, »tägliches Brot« – das ist das, was notwendig ist. Das sind keine Limousinen, keine luxuriösen Paläste, keine Millionen, sondern das sind die Dinge, ohne die wir ebenso wie unsere Kinder und Verwandten nicht leben können.

Manche verstehen die Worte »tägliches Brot« auch in einem erhabeneren Sinne – als »übernatürliches Brot«. Insbesondere die griechischen Kirchenväter haben geschrieben, dass das »übernatürliche Brot« das Brot ist, das vom Himmel herabkommt, mit anderen Worten, Christus selbst, den die Christen im Geheimnis der Heiligen Kommunion empfangen. Dieses Verständnis ist auch gerechtfertigt, denn neben dem materiellen Brot braucht der Mensch auch geistliches Brot.

Jeder legt in den Begriff »tägliches Brot« seinen Inhalt hinein. Zur Zeit des Krieges sagte ein kleiner Junge, der betete: »Unser getrocknetes Brot gib uns heute«[8], weil die Hauptnahrung Zwieback beziehungsweise trockenes Brot war. Das, was der Junge und seine Familie zur Erhaltung des Lebens brauchten, war getrocknetes Brot. Das kann uns lustig oder traurig erscheinen, aber es zeigt, dass jeder Mensch – auch Alte und kleine Kinder – Gott gerade um das bittet, was er am meisten braucht, ohne das er keinen Tag mehr leben kann.

»Und vergib uns unsere Schuld, wie auch wir vergeben unseren Schuldigern«

Das Gebet ist unlösbar verbunden mit der Lebensweise des Menschen. Die Ursache von Schwierigkeiten, die der Mensch beim Gebet erlebt, besteht in einem unrichtigen, ungeistlichen, unevangelischen Leben. Das spüren wir besonders, wenn wir das »Vater unser« sprechen. Jede Bitte dieses Gebets stellt uns vor eine gewisse Realität, wir stehen sozusagen vor Gericht – vor dem Gericht des eigenen Gewissens. Und dieses Gebet soll uns dazu nötigen – wenn wir von der Seele und von Herzen beten, wenn wir wirklich so denken, wie in ihm geschrieben steht –, ständig unser Leben zu ändern.

Wir sagen: »Vergib uns unsere Schuld, wie auch wir vergeben unseren Schuldigern«, das heißt, wir bitten Gott, uns unsere Schuld zu vergeben, da wir denen vergeben, die an uns schuldig geworden sind. Und so fragen wir uns, indem wir diese Worte aussprechen: Vergeben wir denn unseren Nächsten? Sind wir bereit anzuerkennen, dass Gott die Vergebung uns gegenüber davon abhängig macht, ob wir anderen vergeben? Ist das nicht zu viel verlangt, ist das nicht eine zu große Verantwortung?

Die Erfahrung zeigt, dass es gar nicht so schwer ist, *allen* zu vergeben, so wie es auch nicht so schwer ist, *alle* zu lieben – alle, im abstrakten Sinne. Viele sagen so: Ich liebe die Menschen, ich kann mich nur mit zwei, drei Leuten nicht versöhnen – mit meiner Nachbarin, mit meinem Mitarbeiter, mit meiner Schwiegermutter – aber alle anderen liebe ich. Aber die Worte »Vergib uns unsere Schuld, wie auch wir vergeben unseren Schuldigern« erinnern uns gerade auch an die wenigen Menschen, denen wir nicht verzeihen können, denen wir nicht die Schuld vergeben können. Und dieses Gebet lehrt uns, dass wir nicht darauf hoffen können, dass Gott uns vergibt, solange wir ihnen nicht vergeben.

Das irdische Leben ist uns gegeben, damit wir uns mit allen versöhnen. Im Leben verknotet sich manches, und unsere Aufgabe besteht darin, diese Knoten zu lösen, solange wir die Möglichkeit dazu haben. Es gibt nichts Unmögliches für den Menschen. Manchmal ist es sehr schwer, sich mit jemandem zu versöhnen, jemandem zu vergeben, aber wenn wir in uns die Kräfte dazu nicht finden, können wir nicht darauf zählen, dass Gott uns vergibt. Wenn wir Gott unseren Vater nennen und uns Christen nennen, und wenn wir sagen: »Geheiligt werde dein Name« – das heißt, der Name Gottes soll heilig sein, und die Heiligkeit des Namens Gottes soll sich durch unsere Taten erweisen –, wie können wir denn da unseren

Schuldigern nicht vergeben, denen, die uns beleidigt, gekränkt oder herabgewürdigt haben?

Das christliche Leben ist ein geistlicher Kampf[9], und wir sollen es mit aller Verantwortlichkeit angehen, sollen das Recht verdienen, das Gebet des Herrn zu sprechen. Und das Recht dazu wird uns durch unsere guten Taten gegeben. Kein Wort, umso mehr ein Wort des Gebets, soll nutzlos, leer, ungerechtfertigt sein. Hinter jedem Wort soll eine Realität stehen, und hinter den Worten des »Vater unser« sollen unsere Taten stehen. Wenn wir Gott sagen: »Dein Wille geschehe«, dann heißt das, dass wir unseren Willen Seinem göttlichen Willen unterstellen sollen. Und wenn wir Gott bitten: »Und vergib uns unsere Schuld, wie auch wir vergeben unseren Schuldigern«, dann heißt das, dass wir lernen sollen, allen zu vergeben, die wir für unsere Schuldiger halten.

»Und führe uns nicht in Versuchung, sondern erlöse uns von dem Bösen«

Was ist Versuchung und was ist das Böse? – Die Versuchung ist eine Prüfung, die uns entweder von Gott gesandt ist oder vom Teufel kommt, aber von Gott zugelassen wird. Jede Versuchung ist für uns eine Art von Prüfung unserer Festigkeit. Und manchmal bestehen wir diese Prüfung, und manchmal nicht. Wenn wir Gott bitten: »Führe uns nicht in Versuchung«, bitten wir Gott sozusagen: »Schick uns keine Prüfungen über unsere Kräfte, schick uns solche, mit denen wir zurechtkommen, damit die Prüfungen und Leiden, die du uns sendest, uns nicht zerbrechen, nicht in uns den Glauben töten.«

»Das Böse« – das ist der Teufel, der Feind des Menschengeschlechts. Im Verhältnis zum Teufel muss man zwei Extreme vermeiden. Einige sind geneigt, die Existenz des Teufels und der Dämonen überhaupt zu verneinen. Diese Menschen – Gläubige und Nichtgläubige – begreifen nicht die Realität der Existenz böser Mächte in dieser Welt, nicht abstrakter Mächte, sondern lebendiger Wesen, denn der Teufel und die Dämonen sind wie auch die Engel reale lebendige Wesen.

Es gibt auch ein anderes Extrem, das besonders unter gläubigen, kirchlichen Menschen verbreitet ist – wenn die Bedeutung des Teufels übertrieben wird, wenn der Mensch derartig den Einfluss des Teufels und der bösen Mächte fürchtet, dass er in einem halb gelähmten Zustand lebt. Daher kommt die Angst unter Gläubigen vor dem bösen Blick, Behexung und so weiter. Daher kommt eine solche ängstliche Einstellung zum Leben, bei der der Mensch alles fürchtet, in allem eine Bedrohung sieht, nicht schöpferisch, frei und vollwertig leben kann.

Wir müssen verstehen, dass das Böse natürlich Macht hat und einen negativen, sogar zerstörerischen Einfluss auf unser Leben haben kann, aber nur, wenn wir selbst es an uns heranlassen. Der Teufel ist dort machtlos, wo er nicht eingeladen wird, wo seine Gegenwart nicht erwünscht ist.

Wenn der Mensch in die Kirche geht, betet, ein Kreuz trägt, sich mit dem Kreuzzeichen bezeichnet, wenn er die Gebote Gottes erfüllt und sich der Sünden enthält, dann ist der Teufel machtlos, er hat keinen Platz in einem solchen Menschen.

Wann erhält der Teufel Macht? Wenn der Mensch gewisse Schleusen öffnet, die Lüftungsklappen seines Hauses, wenn er zum Beispiel in irgendeine Leidenschaft fällt, sagen wir, Drogensucht oder Alkoholismus. Und die Gefahr des Alkoholismus besteht nicht darin, dass der Mensch mehr Wein trinkt, als es sich gehört, sondern darin, dass dies ihn kraftlos macht und dem Teufel den Zugang in seine Seele öffnet.

Wenn wir Gott bitten: »Erlöse uns von dem Bösen«, bitten wir ihn daher, dass Er uns helfe, immer die Kräfte zu finden, uns vor dem zurückzuhalten, was dem Bösen die Möglichkeit gibt, auf unser Leben einzuwirken. Und wenn wir das lernen, dann werden weder der Teufel noch andere böse Mächte, weder der böse Blick noch Behexung noch irgendetwas Ähnliches auf uns irgendeinen Einfluss ausüben können.

Das Gebet zur Gottesmutter

Orthodoxe Christen beten nicht nur zu Gott, sondern auch zur Gottesmutter und den Heiligen. Dadurch unterscheidet sich die Gebetspraxis in der Orthodoxen Kirche zum Beispiel von der Praxis der protestantischen Gemeinden. Protestanten erkennen das Gebet zur Gottesmutter und zu den Heiligen nicht an. Sie sagen: Um zu Gott zu kommen, brauchen wir keine Vermittler. Das ist eine richtige Bemerkung – wir brauchen in der Tat keine »Vermittler« –, aber es wird daraus ein unrichtiger Schluss gezogen. Wir beten ja zur Gottesmutter nicht wie zu einem Verbindungsglied zwischen uns und Gott, sondern weil sie die Mutter Gottes ist, weil man sie nicht von ihrem göttlichen Sohn trennen kann.

Als ich in England studiert habe, lud mich mein Professor, ein älterer orthodoxer Bischof, oft zum Unterricht zu sich nach Hause ein. Ich kam in sein Haus, und seine alte Mutter öffnete mir die Tür. Stellen Sie sich vor, ich hätte sie nicht begrüßt, sie nicht bemerkt und wäre direkt ins Haus gegangen mit den Worten: »Ich brauche keine Vermittler, ich verkehre nur mit dem Bischof.« Es erscheint mir ganz natürlich, dass ich, wenn ich mit dem Sohn verkehre, auch mit der Mutter spreche. Natürlich, das ist ein Argument rein auf der Ebene des Alltagslebens.

Es gibt auch ernsthaftere Argumente. Und das wichtigste von ihnen ist die Erfahrung von Millionen Menschen, die zeigt, dass die Gottesmutter Gebete erhört und auf sie antwortet, dass sie den Menschen hilft und dass sie sich zudem wirklich bei ihrem Sohn und vor Gott für die Menschen einsetzt.

Die Gottesmutter ist nicht zu trennen vom Erlöser, ihre Opfertat ist nicht zu trennen von Seiner Opfertat. Denken wir darüber nach, dass von ihrer Zustimmung oder Ablehnung die Fleischwerdung Gottes abhing, als der Engel des Herrn vom Himmel herabkam, um ihr zu sagen:

Du wirst ein Kind empfangen,
einen Sohn wirst du gebären.

Lukas 1,31

Sie hätte Nein sagen können, aber sie sagte Ja. Sie zog das Kind auf, brachte es in den Tempel, um es dem Herrn zu weihen, sie begleitete ihren Sohn durch sein ganzes irdisches Leben. Als Christus gekreuzigt wurde, stand sie beim Kreuz, weil sie sich nicht von ihm trennen konnte. Sie war bei ihm sogar in seinem furchtbaren Leiden, daher hatte sie Anteil an seiner Opfertat.

Als der Herr am Kreuz war, stand neben ihm sein Lieblingsjünger, und er sagte ihr:

Frau! Siehe, dein Sohn!

und zu dem Jünger sagte er:

Siehe, deine Mutter!

Johannes 19,26–27

Dadurch vertraute er gleichsam nicht nur den Lieblingsjünger, sondern alle seine Jünger ihrem Schutz und ihrer Obhut an. Von diesem Moment an war sie, Mutter ihres Sohnes, auch Mutter aller, die Ihm nachfolgen, das heißt Mutter der Kirche. Und wir wenden uns an sie eben als unsere Mutter und als Mutter der Kirche.

Wir sprechen im Gebet an die Gottesmutter: »Heiligste Gottesgebärerin, rette uns.« Das heißt nicht, dass wir sie als Erlöserin ansehen. Der Erlöser ist Christus. Aber wir bekennen ihre Teilnahme am Geheimnis der Erlösung, ihre Mitwirkung bei diesem Geheimnis. Und wir verstehen, dass Erlösung für uns möglich ist, weil die Gottesmutter auf das Wort Gottes, das an sie gerichtet war, mit Zustimmung geantwortet hat. Und dank dieser ihrer Zustimmung haben wir Zugang zu ihrem Sohn ebenso wie zu ihrem Gott, unserem Himmlischen Vater.

Das Gebet zu den Heiligen

Die Tradition der Heiligenverehrung ist in der Orthodoxen Kirche sehr alt, sie existiert seit dem Moment des Entstehens der Kirche, seit den ersten Jahren ihres Bestehens. Christliche Kirchen wurden im Altertum auf den Gräbern der Märtyrer gebaut. Und das Blut der Märtyrer war, mit den Worten eines antiken kirchlichen Schriftstellers, der »Samen des Christentums«, das heißt, das Christentum verbreitete sich dank der Opfertat der Märtyrer.

Märtyrer sind Menschen, die durch das Beispiel des eigenen Lebens und Todes gezeigt haben, dass die Opfertat Christi durch den Menschen wiederholt werden kann, dass der irdische Mensch sich bei all seiner Schwäche und Kraftlosigkeit ebenso um der Menschen willen und um Gottes willen opfern kann, wie es Jesus Christus getan hat. Der Mensch, der sich selbst zum Opfer gebracht hat, ist in den Augen anderer Menschen, vor allem in den Augen derer, die ihn persönlich gekannt haben, zum geistlichen Held geworden. Die Verehrung dieses Heiligen hat dann sofort nach seinem Tode begonnen. Bis heute hat sich die Tradition bewahrt, nach der in einer orthodoxen Kirche wenigstens ein kleines Teilchen der Gebeine eines Heiligen sein muss. Es ist nicht üblich, die Göttliche Liturgie auf einem einfachen Tisch zu halten, sie wird auf einem Altartisch gehalten oder auf einem speziellen Tuch, in dem ein Teilchen der Gebeine eines Heiligen eingenäht ist. Der Grund dafür ist der, dass die Märtyrer und Heiligen die Grundlage sind, auf der die christliche Kirche erbaut ist. Wir beten zu den Heiligen, weil diese Menschen, obwohl sie ebensolche waren wie wir, dank der Opfertat ihres Lebens Vergöttlichung erlangt haben, Christus ähnlich geworden sind. Wir beten zu ihnen auch deshalb, weil sie jenen Weg gegangen sind, den wir ebenso versuchen zu gehen. Und die Erfahrung vieler Christen bezeugt: Die Heiligen hören Gebete und antworten auf sie.

Ich möchte ganz kurz von einer negativen Erscheinung sprechen, die mit der Heiligenverehrung verbunden ist. Es geht darum, dass einige die Heiligen ungefähr so verstehen wie Heiden ihre Götter verstanden – nach dem Prinzip »welcher Heilige hilft bei was«. Solche Leute kommen in die Kirche und fragen: »Welchem Heiligen soll man eine Kerze aufstellen, um eine Wohnung zu bekommen?«, »Zu welchem Heiligen soll man bei Zahnweh beten?« und so weiter. Man muss bedenken, dass Heilige nicht irgendwelche Götzen sind, von denen man etwas bekommen kann, von jedem etwas. Heilige sind keine Spezialisten für die Vergabe von Wohnungen, zum Stoppen von Zahnweh oder dergleichen. Es gibt natürlich Heilige, die im Leben Ärzte waren, und wir wenden uns an sie mit der Bitte um Heilung, zum Beispiel den Heiligen Märtyrer Panteleimon. Und tatsächlich geschehen durch die Gebete dieser Heiligen viele Heilungen. Aber man darf die Heiligen in keinem Fall als irgendwelche Fetische verstehen; man darf das Gebet zu einem Heiligen als Menschen, der geistliche Vollendung erlangt hat und uns in einer Sache helfen kann, nicht ersetzen durch das Gebet zu einem Heiligen als einem Idol, der uns nur deshalb nützlich ist, weil wir von ihm konkrete Hilfe bekommen können.

Heilige sind vor allem unsere himmlischen Freunde, die uns bei unserem Fortschreiten auf dem Weg zum Heil, auf dem Weg zu Gott helfen können. Und erst in zweiter Hinsicht sind Heilige jene, die uns in konkreten Lebensdingen helfen.

Ohne Gebet kann man nicht leben

Fassen wir unser Gespräch über das Gebet zusammen. Vor allem ist das Gebet Gespräch mit Gott, Begegnung mit ihm, es ist ein Dialog, der nicht nur unsere Worte voraussetzt, mit denen wir uns an Gott wenden, sondern auch die Antwort Gottes. Deshalb ist es sehr wichtig, dass wir nicht nur sprechen können, sondern auch schweigen, damit wir in der Lage sind, auf jene Gottestiefen aufmerksam hinzuhören, die sich uns durch das Gebet eröffnen.

Im Gebet ist es nötig, absolut ehrlich zu sein. Hier darf es nichts Zweideutiges, Künstliches geben. Wir sollen vor Gott stehen als die, die wir sind, und wir sollen ihm eben das sagen, was wir sagen müssen, das, was wir denken und fühlen. Deshalb ist es für den Umgang mit Gott nicht notwendig, sich irgendeine besondere Sprache auszudenken, besondere Worte zu suchen, es ist nicht notwendig, sich spezielle Themen auszusuchen. Wir sollen zu Gott eben um das beten, um was unser Herz bittet, nach was es dürstet.

Man soll unablässig beten. Es reicht nicht aus, von Zeit zu Zeit zu beten, nur wenn wir etwas von Gott brauchen; man soll immer beten: morgens, abends, im Laufe des ganzen Tages, im Laufe unseres ganzen Lebens. Und das Zentrum unseres Gebets soll nicht etwas Konkretes sein, das wir von Gott erbitten, sondern Gott selbst, denn der Hauptinhalt des Gebets ist eben die Begegnung mit Gott, die Möglichkeit, ihn für sich zu erschließen.

Wir sollen nicht nur für uns selbst beten, sondern auch für andere, nicht nur für unsere Verwandten und Nächsten, sondern auch für unsere Feinde. Wir sollen zu Gott nicht als einzelne Individuen beten, sondern als Menschen, die ein Teilchen der Menschheit darstellen, und uns an Gott nicht nur in unserem Namen, sondern auch im Namen der einen Menschheitsfamilie wenden, denn für jeden von uns ist Gott unser Himmlischer Vater.

Wir beten nicht nur zu Gott, sondern auch zur Gottesmutter und zu den Heiligen, weil sie unsere himmlischen Beschützer, unsere himmlischen Fürsprecher sind. Wir beten zu unserem Schutzengel, damit er uns auf allen Wegen beschütze.

Wir beten nicht nur für die Lebenden, sondern auch für die Verstorbenen, dass Gott ihnen Frieden und Seelenheil schenke.

Noch einmal möchte ich unterstreichen: Das Gebet soll die Grundlage unseres Lebens werden – unser ganzes Leben soll auf das Gebet gestimmt sein. Das Leben des Christen soll dem Gebet entsprechen. Wenn der Mensch im Gebet erfolglos ist, dann heißt das, dass er schlecht lebt, dass sein geistlicher Zustand dem Gebet nicht entspricht.

Wir wollen lernen zu beten, lernen, daran zu arbeiten, dass das Gebet unser Herz erreicht und durch das Herz in himmlische Höhen aufsteige, Gott erreiche. Wir wollen an uns arbeiten, dass das Gebet das Kernstück, die Grundlage unseres Lebens werde. Wir wollen Gott, die Gottesmutter und die Heiligen bitten, dass sie uns zu beten lehren, denn ohne Gebet ist es nicht möglich zu leben, ebenso wie es nicht möglich ist, zu leben und erlöst zu werden ohne Gott und ohne seine Kirche.

Anmerkungen

1 Russ. *vsenočnoe bdenie* = (eigentlich) ganznächtliches Wachen; Gottesdienst, der nach Sonnenuntergang am Vorabend von Sonntagen und hohen kirchlichen Feiertagen gefeiert wird.

2 Russ. *moleben* = besonderer Gottesdienst zum Dank oder zur Bitte an Jesus Christus, die Gottesmutter oder einen Heiligen auf Bitten der Gläubigen.

3 Königspforte (russ. *Zarskie vrata*): in orthodoxen Kirchen die zentrale Tür der Ikonenwand, durch die während der Liturgie die Sakramente vom Altar zur Gemeinde herausgebracht werden; sie symbolisiert die Tür zum Himmelreich.

4 Der russische Ausdruck »*Bog s nim*« (Gott mit ihm) heißt umgangssprachlich eigentlich: Er kann mir gestohlen bleiben; ähnlich dem deutschen »Geh mit Gott, aber geh!«

5 Deutsche Ausgabe: *Schimonach Ilarion: Auf den Bergen des Kaukasus. Gespräch zweier Einsiedler über das Jesus-Gebet*, übersetzt und mit einem Vorwort versehen von P. Bonifaz Tittel OSB, Otto Müller Verlag, Salzburg 1991.

6 Deutsche Ausgabe: *Aufrichtige Erzählungen eines russischen Pilgers.* Herausgegeben und eingeleitet von Emmanuel Jungclaussen, Herder Verlag, Freiburg 1974. Weniger umfangreich, aber doch ähnlich in Inhalt und Aufbau – und mit den »Aufrichtigen Erzählungen« eng verknüpft – sind die Erzählungen von *Sergej N. Bolšakov, Auf den Höhen*

des Geistes, eingeleitet, übersetzt und erläutert von P. Bonifaz Tittel OSB, Quellen der Spiritualität, Band 7, Vier-Türme-Verlag, Münsterschwarzach 2012.

7 Der im russischen Vaterunser vorkommende Ausdruck »*chleb naš nasuščnyj*« bedeutet eigentlich »unser lebensnotwendiges Brot«.

8 Russisches Wortspiel: Das Wort des Vaterunsers »*nasuščnyj*« (lebensnotwendig, täglich) wurde ersetzt durch das ähnliche Wort »*nasušennyj*« (getrocknet).

9 Russ. *podvig* = eigentlich Großtat, Heldentat, Opfertat.